天武の夢はるか

尾・参・濃・信の古代史誌

Toshio Nohara
野原敏雄著

風媒社

天武の夢　はるか　目次

プロローグ　なぜ古代史の謎解きをはじめたか　7
第1章　尾張のヤマトタケルと草薙剣　31
column1 >>> なぜ草薙剣が尾張に置かれたかを東アジアの範囲で考える　75
第2章　持統太上皇の参河巡行の謎　81
column2 >>> 高市黒人の「桜田」の歌は、どこで歌われたか　111
第3章　天武の信濃遷都計画がめざしたこと　117
column3 >>> 美濃の喪山伝説は何を意味していたのか　143

第4章　混乱の吉蘇路《きそじ》論争と記事欠落の須芳《すわ》嶺山道 150
――美濃・信濃をつなぐ古代の官道をめぐって

第5章　諏訪社の地に仏が遷座した話のウソとまこと 183
――長野善光寺建立をめぐる真実を探る

column4 >>> 長野市尾張部の町名由来の調査記 204

エピローグ　律令制の確立で変わる高市黒人の万葉歌272の意味 211

〈附論〉美濃国　池田郡春日郷の比定にかかわる条里復元について 231

あとがきにかえて 262

プロローグ　なぜ古代史の謎解きをはじめたか

甲子に詔して曰く、「凡そ国司を任けむことは、畿内及び陸奥・長門国を除きて、以外は皆大山位より以下の人を任けよ」とのたまう　『日本書紀』天武五年正月乙卯

「三野王・小錦下采女臣筑羅等を信濃に遣して、地の形を視占めたまふ。是の地に都つくらむとするか。」　『日本書紀』、天武十三年二月朔丙子

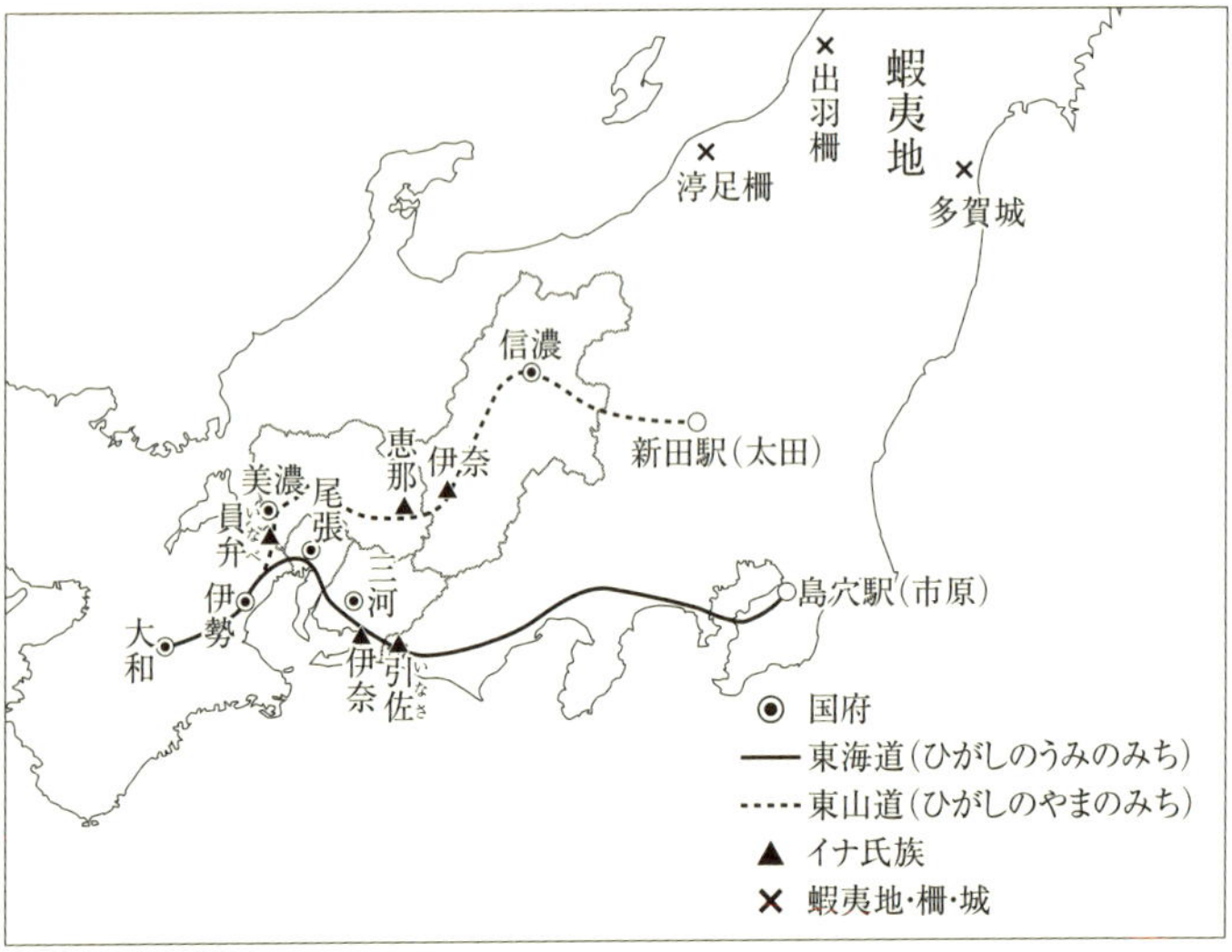

図１　関係地全体図

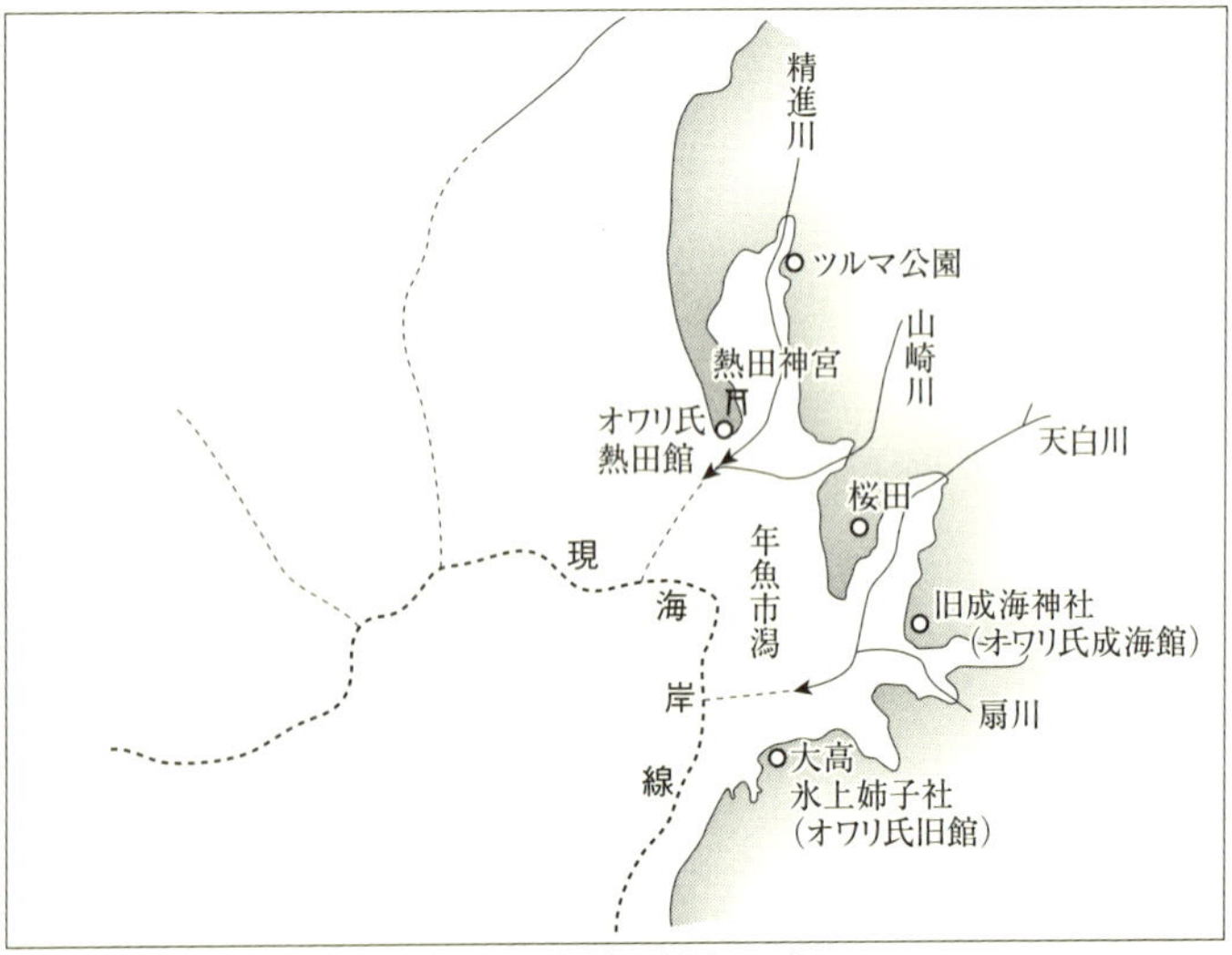

図２　年魚潟附近詳細図（地形の実線は標高 5m）

十五年つづいた太平洋戦争の最末期、すでに敗戦必至と知りつつも、国民にはそれをひた隠し、本土決戦を叫んで、信州松代に巨大な地下壕を掘り、大本営と天皇をそこに移そうとした日本帝国主義の、実現されなかった計画は、もし名づければ、「信濃遷都」といえないことはない。狂気の遷都計画である。しかし、これから解明しようという「信濃遷都」は今から千三百年以上も前の話である。冒頭引用の教科書体の文章の一つは、天武紀の十三年（六八五）に、突如として現われ、結局は実現されなかったと考えられている「信濃遷都」計画の始まりの部分である。これは「信濃造都」というべきだとの論（大和岩雄ら）もあり、同感だが、より広く使われていると思われる「信濃遷都」の語を敢えて使うことにする。なにがしかは副都の役割を果たしたという本書の仮説の故である。この計画の全貌は、古代史のなかではなかなか解けない謎とされている。この謎を、歴史地誌学という私流の方法で解いてみようと思いつき、散漫には数年、集中して一年ほどでまとめたものを、さらに、無謀にも出版しようと考えたいきさつから本書を書き始めたい。

桜田へ　たづ鳴き渡る　年魚市潟
潮干にけらし　たづ鳴き渡る

（万葉集　巻三271）

「尾張名所図会」より

万葉の代表的な歌人のひとりに数えられる高市連黒人《たけちのむらじくろひと》が　尾張の年魚市潟《あゆちがた》をのぞんで詠んだ歌で、万葉集巻三に、高市黒人の旅の歌と題されて、まとめて八首かかげられたなかに収められた名歌である。万葉に親しんだ人はもちろんだが、名古屋人にとってはすくなくとも、一度ぐらいは耳にしたことがある歌にちがいない。

この歌がうたわれたのは、今、名古屋の地下鉄桜通線の鶴里《つるさと》駅に近い、通称桜《さくら》台地と呼ばれる熱田洪積台地の最末端、高さで十～十五メートル程度の台地を削りながら低地をつくり、天白川、山崎川、旧精進《しょうじん》川（新堀川）などがあつまってつくっていた大きな湿地、年魚市潟を見下ろす地点といわれる（図2参照）。黒人がここに立った当時、そこは海岸に近く、潮の満ち干がじかに潟に及んでいたはずで、歌の情景が目に浮かぶ。この潟はさらに川を遡って北に拡がり、もっとも広い低地をつくっていた精進川の谷頭部、いまの鶴舞公園辺りにまで達していたと思われる。今、桜田の歌がうたわれた地点と鶴舞公園の距離はおよそ五キロで、年魚市潟の広さが分ろうというものである。公園の名前の由来は、その造成前には、じめじめした湿地で、鶴がつねに飛来している土地、つるま（鶴間）であろう。それを粋人が「鶴が舞う」と表わしたために、ＪＲ駅も地下鉄駅も「つるまい」となり、公園のまん中にある胡蝶ヶ池の中の島にある鶴が舞う姿をかたどった噴水が、名称のもとかと誤解してしまう市民も多くなってしまったようだが、もともとは湿地のつるまで、年魚市潟の一部だったことを物語る古い地名だった。

ところで、黒人が年魚市潟の歌をよんだのは、大宝二年（七〇二）の霜月半ば、退位して五年を経た持統太上皇が、生涯の最後、しかも最長の旅として参河を巡行された折で、その随伴者に加わっていた黒人が、帰路は、船旅の往路とは別の陸路で飛鳥に向かった途中、尾張にとどまった時である。尾張から美濃、伊勢、伊賀、そして飛鳥という道を辿ったという記録をふまえ、尾張国司等への叙位、賜禄をおこなう目的があったとしたら、当時の尾張平野西部の低湿な地形から推察して、尾張東部の丘陵地を北上して、今の春日井市の西部あたりから、あるいはまた、舟ならば木曽川を遡って、現稲沢市域にあった尾張国府にいくのが普通のはずである。しかし、黒人の歌は熱田を指呼の間に望む、湿地に囲まれた桜台地であり、それとは大きくはずれていた。ということで、記録には現れないが、持統上皇は参河での尾張氏の祖への祭祀とともに草薙剣を祀る熱田の宮への参詣祭祀が、旅の目的の重要な一つではなかったかという仮説が成り立つ、と気づいた。

そのことに気づいた私は、古代史学専門家の中でも確定されていない、最晩年の持統参河巡行の目的を解くキーが、ここにあると感じた。そして、同時にそのことは、本書の主テーマである持統の先帝で、夫でもあった天武天皇の突然の、そして短期間に夢と消えてしまったと考えられている「信濃遷都」計画の意味を問い、その実効はどうだったのかという課題に迫る通路を発見したと確信した。と同時に、天武最晩年の「草薙剣の熱田再遷座」とのつながりもおぼろげながら浮かんできた。「信濃遷都」といい、「草薙剣再遷座」といい、いずれも『日本書紀』に眼を通した人ならばだれでも知っている歴史事項だが、よく考えてみるとその一つひとつは謎に満ちていて、つかみどころがない。「持統の参河巡行」を軸に、あるまとまりの存在に気づき、さらに「あゆち生まれ」のわが幼少時代から馴染んだ「ヤマトタ ケル物語」ともつながるかもしれないと思ったとき、久しぶりにある種の快感を覚えて興奮した。それが、本書執筆のきっかけでもあり、原動力ともなった。

私は、名古屋大学大学院で史学・地理学コースを修めたが、専攻したのは地理学である。地理学の研究者として長らく大学に籍を置き、教育・研究に励み、学位をえ、海外（ポーランド）の地理学会の名誉会員のディプローマももらったし、ある時期しばらくは、経済地理学会でもいくらかは認められた業績を積んだつもりではあるが、歴史学にはほとんど縁がなく、いわんや日本の古代史などというものは、まったくのズブの素人にすぎない。研究業績の重さ、深さはいささかなりとも知っているので、専門家がなかなかなしえない問題に、思いつきだけで手をだそうと簡単に決めたわけではない。それを敢えてしたのには、二つばかりの動機がある。

一つは、私の生い立ちに関わり、かつての年魚市潟の地に在り、六年間を過ごした小学校の、数回にわたる同窓生旅行を盛り上げるために苦労して蓄積した「この地方の古代誌ばなし」を、今は廃校になり、その形跡さえ残されていない学校の名とともに書き残しておきたいという、まったくの私的な思いである。しかしそれだけで、たとえその小学校での生活がどんなにか私の人生に大きな意味をもっていたとしても、もう一つの動機がなかったならば、このような「邪心」を起こすことはなかったに違いない。そのもう一つの動機とは、歴史地理学のすぐれた研究論文の「間違い」を正しておきたい、もしそれが叶わないまでも、せめて疑義をきちんとした形で提示しておきたいという、純粋に学問的動機である。その説明のために少々書ねばならない自分史の一齣が必要だが、そこは賢明な読者が読み飛ばしてくださるものと考え、場違いにも己が古き過去をさらけ出すことにする。

私は一九三〇（昭和五）年の夏、すでに戦災による学区壊滅のために廃校になってしまった名古屋の高辻小学校区の一隅で生まれた。たかだか、その十年くらい前までは、土地の名も愛知郡御器所《ごきそ》村といった地で、村の東半分の台地上の畑は、当時有名な御器所大根を産し、それをたくあん漬けに加工する小さな工場が散在しており、子供時代にもその雰囲気がはっきりと残っていて、良き遊び場となっていた。一方、かつての精進川がつくった西半分の低平地帯は、泥深い湿田が、市街地化を前提とした耕地整理事業で乾田化され、すぐに住宅用の小街路で区画化されていったところである。この都市住宅地化のきっかけは、明治の末年近く、精進川が改修され、新設されつつあった築港の施設の一つとなった、大きな白鳥貯木場ともつながる新堀川となったことである。その巨大な都市化事業の残土を使って、ツルマ公園がつくられ、明治末年に関西府県連合共進会が盛大におこなわれた。そして、そこと名古屋の中心部や熱田の街とを結ぶ幹線道路が貫通した。この、かつては鶴の舞う里であり、また名古屋に遊んだ俳人芭蕉が「いざさらば　雪見にころぶところまで」と詠んだと父から聞いた前津の里にもつながる景勝の地だった土地が、あっという間に狭く汚くごみごみした街に姿を変えた。新堀川端は、陸軍の兵器廠、ガス会社のタンク、そして中小の製材、ベニヤなど木材の加工工場がつらなり、それらで働く工員たちの住まいとなった。その多くは、第一次大戦後の農村不況で仕事を求めて都会に流れ集まった人びと、そして、とくに目立ったのは朝鮮半島から強制され、また移動せざるをえなくなった朝鮮人たちだった。そうした人々のための小・零細住居、そしていかにも粗末な低家賃の棟割長屋などがところ狭しと建てられた。大正末期から人口は急増し、わずか十年ほどで、高辻小学校を含めて、三つもの小学校があいついで新設された地域である。

西濃の小さな村で製材業を営み、ひろく越美の山から原木を見立てて、需要におうじて加工して販売し、第一次大戦景気でえたわずかの儲けに奢った私の父が、その後すぐやってきた不況でやりくりがつかなくなり、弟に家を譲って逃げるように移り住んだのは、こんなごみごみした街の片隅であった。それでも、食うに困ることはなく、父は茶の湯だ、盆栽だなどと、田舎で覚えたゆとりを楽しみ、なんとか普通のくらしを保てたようだったが、私の小学校入学前に結核で休養を余儀なくされ、母の内職の乾麵づくりでなんとか口をすすぐ生活が始まることになった。

入学し、そして卒業した高辻小学校は、昭和二年（一九二七）に新設された。そして昭和二十年（一九四五）三月の名古屋大空襲で学区一帯すべて廃墟と化し、そのまま廃校になった。私はその二年前の三月に卒業し、進学した熱田中学（愛知県立第五中学校）の一年が過ぎたときに父の生地に疎開しており、空襲の被体験もなく、高辻小廃校の事実も知らなかった。が、六年生のときの半年ほどの間に、私のその後の一生を左右したともいえる、ちょっとした出来事が起こった忘れられない学校であった。

六年を終えてからの進路を決める時期がきて、私にとって可能な道はただ一つだった。できるだけ早く職に就く。その前に、せめて高等科に二年通うという道である。だが、当時大同製鋼に勤めて、職長をやっていて、親類の中では羽振りのよかった伯父に頼んでみるかという話から、せめて工業学校には無理してもいったほうがいいという結論になり、大同製鋼と関係のある大同工業学校へいくと家族は決めて、学校にも話していた。ところがその夏休みのある日、担任の先生の訪問があり、中学校へいったらどうか、そこから陸軍幼年学校へ行けば、金の心配はない。第一、お国のために一ばん役に立てるから、と熱心な勧めがあった。その最後の言葉が父の気持ちを動かしたようで、進路の変更に傾いた。工業学校をでて、工場で働く、それはそれで立派な生涯だったにはちがいないが、人生選択の範囲は限られただろうし、私の性格、趣味などからいって、不満の多い一生となったにちがいない。この六年生担任の鈴木恒雄先生の一言で私の一生の選択幅が限りなく広がった。そのことに、私は今も深く感謝している。ひどく汚れきってしまっていた街・高辻という昔の年魚市の地から、かつて鶴が大きく羽ばたいたように、洋々とした希望を胸に、小学生活を終えられたことは、私にとってまことに幸運であった。

この鈴木先生から得た幸運は一度ならず、もう一度あった。疎開して大垣の中学校に転校し、通学しながら、食うために余儀なくはじめたにわか百姓を手伝い、工場動員、そして敗戦と、やっと半年後の卒業を前にした夏、過労からか、父の結核が再発、そして喀血、床に臥す事態となり、生計のために欠かせない農作業の責任が大きく私にかかってきた。すでに友人たちの幾人かが大学予科や旧制高校にすすみ、また多くが半年後の入学の志望大学や高専を決めていくなか、その道がまったく見えない日々がつづいた。就職するにも農業のかたわらという条件を考えると、おさき真っ暗で、まったく動けなかった。学制が変わって、もう一年間新制の高校へ通えば高校卒になるという道すら選べず、旧制中卒で学業を終え、農作業と両立できる近くの材木商で働きながら一年がすぎたころ、いくらか健康をとりもどしてきた父も農作業が可能となり、これからどうするかの悩みの日々だった。気分転換で久しぶりの名古屋を訪れ、焼け跡に立つ急ごしらえの小さな工場を家族で経営する一人の旧友と会い、鈴木先生の消息も知れ、はやる気持ちを抑えながら一カ月後に、岡崎のお宅を訪ねた。そこで望外の働き場を紹介された。

久しぶりにお会いしてすぐ、「君たちには悪い教育をした」と謝られ、どぎまぎしたが、鈴木先生は小学校勤務から、新設されて間もない県教育委員会所属の教育文化研究所に転じられたばかりで、軍国主義教育から、アメリカ流の「民主主義教育」への転換を方向づけ、現場の教師を指導する機関だった。そこが目下、事務・雑務の人探しをしているので紹介するという話に、私は飛びついた。その後、旧制中卒で終わっていた私が大学へ行くことになったのは、まさにこの職場のおかげだった。研究所は県庁内ではなく、近くの名古屋城二の丸（今その敷地は愛知県体育館になってしまい、大相撲名古屋場所が行なわれ、全国中継もされるあの建物に代わってしまった）の、旧六連隊跡の兵舎の一角におかれていたが、ほかの数多い旧兵舎の建物は名古屋大学の本部と法、文、教育の三学部が使っていた。そうした雰囲気は私を刺激して、諦めていた向学の心を覚ましてくれた。事務とはいえ内容は印刷など研究雑務の手伝い、出納事務を助けて、計算や銀行での入出金などなど、文字通りの雑務だったが、けっこう暇で、所内に置かれた図書室の本の読みあさりができるほどの時間があり、おまけに二時間余の通勤時間にはたっぷり読書が楽しめた。好きな地理・歴史、新鮮な政治・経済・社会の書籍から得る知識は、若い青春の心を揺さぶった。そして、大学受験資格試験を受け、通常より二年遅れで、大学に入学した。学資のない私を慮って、研究所の専属の宿直を任され、資金的バックアップも受けた。一度は羽を痛めて飛び出しかねていた私を、教育文化研究所は再び希望に満ちた場に押し出してくれた。巷間で「戦後民主主義の反動化」、「再軍備」の論議がかまびすしかったことが、私を飛躍の場に立たせたのだが、その機会は、鈴木先生なくしてはなかった。

高辻小跡の公園　さして広くない公園を隅なく探したが、小学校跡を物語るものは、何一つなかった。

そんなわけで、感謝は今でも言葉に尽くせない。高市黒人が詠んだ年魚市潟とその情景は、つながりつながって、高辻小学校時代と重なりあい、鈴木先生へといきつく。廃校になってしまい、跡地には痕跡もなく、やがてその名称すら忘れられていく学校と、すでに他界された恩師鈴木恒雄先生の名前は、どこかに残しておきたいという思いは、ずっと続いていた。

学区が戦争で焼き尽くされてしまい、消息も途絶えていた卒業生たちが、地元に住み続けた何人かの尽力で、ふたたび集い旧交を温める同窓会も何回かもたれた。そのなかで資金を出し合って高辻小学校の跡地に碑でもつくろうというわたしの提案は、一笑に付された。それでも、同窓会のなかから、高辻一八旅行会（昭和一八年高辻小卒の意味）ができ、毎年、近県への一泊旅行をつづけることになった。できるだけ多くの人が参加できるようにと、安く、それでいて名所めぐりも宿泊条件も悪くない岐阜、愛知、三重、長野など諸県下の宿への一泊旅行を企画するのはたいへんだが、私は幹事として毎年観光ガイド役をひきうけてきた。参加者の興味をひきたてるための話題づくりはたいへんだが、反応も評判もいい旅行地の古代誌を中心に、きちんと準備をして資料づくりをつづけた。じつは、「ヤマトタケルと尾張」、「参河行幸」、あるいは「東山道・木曾道問題」などの本書のなかの話題はその過程で見つけたものである。そんななかで私がもっとも興味をそそられた話題が、「天武の信濃遷都」だった。その場では、思いつきの素人っぽい仮説で同窓の旧友たちにはうけたが、それらは慎重な検討をへて、本書で生かしている。本書の話題が尾・濃・参・信の古代四国にに限られたのは、一八旅行会の行動範囲だったことにもよるが、それぞれで見つけた話題が、大きく天武の信濃遷都と一続きのつながりをもっていると考えたからである。ともかくそんなわけで、高辻小学校と鈴木恒雄先生への日頃の思いのささやかな結晶が、本書となったのである。

そんな資料づくりのなかで、私はある論文に引用された地図に、強いひっかかりをもった。岐阜・西濃の古代の郡郷に「池田郡春日郷」という場所があり、現在では貴重な日本古代の戸籍が残されたムラ（味蜂間評春部里）とも思われている郷があり、その位置を示した概念図がそれで、京都大学文学部史学科の機関雑誌『史林』からの引用だった。その一帯は私が名古屋から疎開した地域で、それだけでひどく懐かしかったが、その図のなかで、明らかな間違いが、すぐに目にはいった。それも私がそこでくらした十年余り、毎日馴染んだ近世以降の用水のはずの水流が、説明文字には杭瀬川《くいせ》（揖斐川の別名）と書かれていたことである。もちろん、こうした間違いはけっして稀ではなく、応々にして出会うもので、またケアレスミスか、と見過ごした。引用の目的がそのこととはまったく無関係だったからである。しかし気にはなっていて、後日『史林』のバックナンバーを探しだして、二十年以上も前の原論文、「美濃国池田郡の条里――池田郡司五百木部唯茂解の紹介と検討を中心に――」を通読した。論文は三人の共著だが、研究の中心は、小川琢治さん（湯川秀樹博士の厳父）以来の歴史地理の伝統と蓄積をもつ京大地理学教室の歴史地理を担当していた教授であり、研究分野はまったく違っても同じ地理学研究者として、名前を知らないわけではなかった。論文は六十ページにも及ぶ大部なものであったが、内容の理解は困難ではなかった。大学の卒業論文で当該地方の用水史をとりあげ、丹念に歩きまわった経験のある私にはよく理解できるものでさえあった。そして、引用されていた地図のなかの、私が、おそらくケアレスミスだろうと考えた水流名を、重要な基準と判断したうえで、条里の復元がなされていることが判った。ケアレスミスどころか、論文の根幹部分と判断されていたのである。

　条里の復元のためには、まず古文書に書かれている四至（東西南北境）を確定しなければならないが、この論文で使われた新発見の文書（それ自体はまことに貴重な歴史成果）は長元八年（一〇三五）のもので、ざっと千年もの昔の四至名が今も残っているはずはなく、さまざまな手がかりを探して、そこから推しはかる比定作業が入念に行なわれなければならなかった。その検討作業は実に綿密になされたことが論文をつうじて実感できた。しかし論文の結論は、その比定の一次的な基点となる東限が、私の知見では文書当時には存在せず、後世になってつくられたはずの用水流であると判断されたために、条里のうち里（つまり東西方向）が西に六町（一〇九メートル×6）だけずれてしまっていると断定せざるをえなかった。たった七百メートルたらずのズレだが、そのことによって、歴史上重要な春日郷《かすがごう》（春部里《かすかべり》）の位置比定にも違いが生じてしまっていることも判って、この地方の古代史を理解するうえで、かなり大きな問題だと思わざるをえなかった。

論文内容の緻密さと、検討プロセスの真摯さは抜群で、「さすが」と思わせる水準であると認めるにやぶさかではないが、間違いだけは正さなければ……との思いで、古い学会名簿を引っぱりだして、私の判断を詳細に手紙に書いて郵送した。が、宛先不明として返送されてきた。手を回して消息を探った末、彼はすでに十年も前に他界していることを知った。もし彼と相互検討できて、正しい位置比定を確認できれば、それでよい、あとは彼の問題だと思っていた処理の仕方は不可能となってしまったのである。そのまま一、二年がすぎ、その間にも同じ論文の引用を目にして、このまま放置できないと考えるに至った。とはいえ、専門の研究者の目にふれ、真偽の再検討がなされるほどの場への投稿は、古代史についてまったくの門外漢で、同学もいない今の私には思いつかなかった。結論として、私の上述の判断の根拠をさらに検討し、確信をえたうえで論文をつくり、それを含めた著書を出版して、世に問う以外にはないと思うに至った。それは本書の最後に附論として収められている「美濃池田郡春日郷の比定にかかわる条里復元」であるが、すくなくともこの部分だけは、私の研究者としての資質が問われてもよく、たとえ他の部分は素人のあそびと冷笑されても仕方がないという想いである。

本書で中心的に取り上げたテーマは、副題にあるとおり、尾参濃信の古代四つの国にほぼ限られる。それは、前述のように、私的で恣意的な理由によっているが、まったく偶然にも、古代史を検討するのに一定の意味を持った範囲であると考えられなくもない。大王（天皇）家を中心に大和の諸豪族が連合してつくったヤマト政権は、北九州勢力に代わって中国大陸・朝鮮半島の進んだ文明、なかんずく鉄製器具導入の主導権を獲得し、他の地方豪族を上回る勢力を得て、進んだ弥生文化の伝播のあとを追いながら、急速に東国、とりわけ現在の関東地方に進出していった。そのことは、文献的には、すでに「崇神紀《すじん》」に、上毛《こうづけ》、下毛《しもつけ》（群馬、栃木）の記事がでてくること、また考古学遺跡として、武蔵の稲荷山古墳から出土した年号入りの鉄剣の刻印文字の解読結果からも、明白である。そうしたヤマト勢力の東国進出の道は主として古東海道（ひがしのうみのみち）によったものであることは、第五章の冒頭の図からも読み取れる。この東の海の道と並んで、古東山道（ひがしのやまのみち）も、ヤマトの都と東国を結ぶ最短で、しかも安全・確実なルートとして、大切な意味をもっていた。ヤマト政権の要職者や東国豪族の首長たちの往来は、むしろこの道によったのではないか。ともかく、この二つの道は、ヤマト政権と東国との関係を保障する重要手段であった。だからこそ、「孝徳紀」に、乙酉の変（大化改新）後の新たな施策をもって東国に国司を派遣するに先立ち、この二道の出発の枢要地で、派遣の無事を祈る道饗《みちあえ》を行なったことが述べられている。「是の日に、倭漢直比羅夫《やまとのあやのひらふ》を尾張国に、忌部首子麻呂《いみべのおびとこまろ》を美濃国に遣して、神に供る幣を課す」儀式が記録されている。つまり、尾張は東海道の、美濃は東山道の出発の要地なのであった。

興味深いことに、その両道に共通して、イナと読める文字を含む地名が目に付く。すなわち、ヤマトに隣る伊勢と尾張・美濃境の員弁《いなべ》郡があり、東海道では、参河の遠江国境に近く伊奈《いな》、そして遠江の参河境は引佐《いなさ》郡である。一方、東山道では、美濃と信濃境は、恵那《えな》（えな・おそらくは、いな）郡で、恵那の山を越えた信濃は伊那《いな》郡である。この一致は偶然ではあるまい。ある信濃の郷土史家は、さらに全国のイナの地名をも考察の対象に加えて、イナ氏族は、重要な道路開発に携わった勢力ではないかと推定している（有賀積男「古代伊那と伊那族」『信濃』２巻８号）。この説を採れば、ヤマトの都と東国をつなぐ道を開発し維持管理するために共通して特徴づけられる「まとまりのある地域」という意味づけができることになる。その地域のうちで、雑抄として取上げることになった各章のテーマは、それぞれ道と深いかかわりをもつことになったのは、その意味では当然である。そしてもちろん、その道はミヤコと東国、さらに「蝦夷地」の政治・社会、さらには文化を結ぶものであり、古代、とりわけ天武・持統期の尾・参・濃・信の雑抄を論じながら、結ばれつつ関係づけられた双方の政治・社会文化が考察されることになる。

利用できる文書が限られ、それらを深く読みとり、広く相互連関させて、問題を解明する豊富な背景知識をもたなければ、古代の歴史考察は不可能であると実感した一年間であった。それらのいずれをも欠く私がやむなくとった方法は、多くの古代史家と同じく万葉歌をふまえることはもちろんだが、自然科学も含めた地理学的知見を重視し、また地方史誌の記述を、雑考証ながら加えて多用し、また各地に残る古代の伝承、言い伝えを集め、さらに古い寺社などに伝えられる縁起、由来、それがなくとも祭祀神などに頼って尾・参・濃・信の古代地誌をつくり重ねながら、当時のこの地方とヤマト政権や律令国家の地方政策との関係を探りあて、各章のテーマに迫ろうというものである。正統な歴史研究とはいえず、また厳密な歴史地理的アプローチともいえず、歴史地誌学的方法と勝手に名づけた、まさに素人のやり方で、結果の甘さは、自ら熟知している。サブタイトルに「史誌」の文字を使った由縁である。しかし、わずか一行の記述しかなく、結局は「謎」として残されてしまう古代の史実の多くを、それを取巻く歴史地誌によって生かしながら、ある仮説をつくることは比較的容易である。もちろんその正否はさらに厳密な研究方法で確認されなければならないことはいうまでもない。が、そのための入り口だけは探せる。

こうした素人っぽい方法だからこそ許される暴走もできる。なによりも、第一章で、ヤマトタケルの尾張死亡説を展開したことである。本書を構想し、執筆しはじめたときには、その説は頭になかった。しかし、前後の整合性を考えるために、繰り返し記紀の関連部分を読んでいるうちに、ふと心に浮かび、関係地に足を運び長い検討を加えてみて、確信できたものとして、書きかえた。これは附論を除けば、いちばん世間の人びとに、眼を通してもらいたい部分となった。が、それも歴史には縁のない素人だからやってしまったことである。『先代旧事本記《せんだいくじほんぎ》』の尾張死亡説はうかつにも後から知った。同類のうかつさが、他にも多々あるかと思うと気が重い。

同じことは、他にもいろいろあるが、『日本書紀』の「天武紀」にみられる仏教普及の重視の記事と、天武の信濃遷都―信濃進出の強い想い―をむすびつけて、そこに善光寺の長野創建を絡ませるという第五章で、『善光寺縁起』を使ったところも、そうした部分である。同書の大部分は歴史研究にはまったく価値がないことは誰の目にも明らかで、その『縁起』利用だけで酷評され、門前払いをくいそうだが、そう評価されるのは一巻から三巻までで、付録的な雑抄ともいうべき四巻には、砂利に混じって光る玉があると、一読して私は判断した。たとえば、「天平宝字六年壬寅（七六二）年の地震の記事」は『続日本紀』の記録と旬日の誤差はあるが、ぴったり一致する。その雑抄のなかに、すでに皇極元年（六四二）に長野に移されたという、よく知られた縁起三巻の記事にもかかわらず、文武帝（六九七〜七〇七）期まで都に本尊仏が置かれていたとの記事があり、八世紀半ばの善光寺遺跡とも整合するなどから、いくらかは信がおけるのではないか、などの荒い考証からだが、ただちに拒否されるものでもないとして検討しつつ考察の対象とした。その結果、意外や、持統のかかわりが出てきた。あるいは、老練な藤原不比等の知恵かもしれない。水内諏訪別社での水難除け祈願である。これもいくらかは、信濃遷都につながる。私の知る狭い知見からだが、正統な史家がかかる怪しげな『縁起』を使った「歴史研究論文」はないようだが、その内容に関しての史家の感想はいかがであろうか。

雑抄とはいえ、本書のまとまりをつくり、それを貫く問題意識を浮き立たせる意図もあって、記紀に描かれた古代の伝承を、地元史料なども使いながら、やや想像を逞しくして、大きく変えてしまう試みも敢えておこなった。壬申の乱を念頭につくられたとも思えるヤマトタケル東征物語のヤマトタケル像を、オワリの（ヤマト）タケル像に変えてしまい、古事記のもともとの原型を想定するという記述である。そして、それとヤマト政権との関わりや調整が、天武の信濃遷都の計画、持統の参河行幸など、古代史の謎に微妙に絡み合っているという筋書きを描いてみた。広く知られたヤマトタケル物語を「もてあそぶ」ことに、いくらか忸怩《じくじ》たる思いがないわけではないが、軸足を尾・参・濃・信においてその地方にある地誌を重視して史実を捉えようとするときには、熟知したヤマト的物語ではない伝承解釈も許されるのではないかとも考えている。それも別の見方からすれば、東方進出を目指すヤマト政権が、尾張をその根拠地としてしっかりと把握したということかもしれない。その意味もあって、第一章は本書の中でもっとも深く史料の読み込みをおこなったつもりだが、その度が強すぎて、古代史の枠を大きくはずしてしまった感がある。古くから伝え続けてきた伝承・説話は、かならずしも史実と直接につながるわけではない。むしろそれが人々によって、どう受け入れられ、地域の歴史づくりに影響したかということにこそ意味があるのではないかと思う。こうした部分を含むがゆえに、本書の叙述は、「古代史」ではなく、「古代史誌」というべきものかもしれない。

尾・参・濃・信の地域に関わるいくつもの古代史の「謎解き」をしながら、本書の最後の結論をいえば、天武の「信濃遷都」はけっして企画だけに終わったものではなかった、ということである。独断で、かつ先行的につくられた信濃の筑摩《つかま》の行宮は、持統太上皇の参河行幸などをつうじてなされた大胆で、かつきめ細やかな尾張・信濃対策などを経て、八世紀律令国家にとっての重要な課題であった「蝦夷地」対策に一定の役割を果たした。その検討の過程で、藤原武智麻呂らによって不運な死に追いやられた長屋王の存在が浮かんできたことは、これまた当初には思いもしなかったが、これまでかいもく解けてこなかった信濃国からの短期間の「諏訪国」分離・復帰という謎に迫る仮説まで提起することとなつた。

壬申の乱をのりこえ、天皇という絶対的な地位の確立に自信をもち、畿内・西国にとどまらず、東国、なかんずく「蝦夷地」を速やかに征服し、己が威を大陸諸国に示そうという「**天武の夢**」は、しかし、その後の遥かのちまで完了しなかつた。この間の律令国家政権と「蝦夷地」の交流と相克・対抗の事実経過はもっと真正面からとりくむべき日本史の課題のように思われる。そうした課題の存在も含めて、少なくともあの時代の歴史のいくつかの謎を解く入口だけは見つけたのではないかと、素人ながら自負したい思いはいくらかあり、それがたままの「学術論文批判」の必要から始まって執筆した本書を、無謀にも出版することとなった「背中押し」である。もっともそれをより確証して、さらに課題を新しく展開するだけの体力と気力は、傘寿の私には残っていない。もちろんその能力のなさが決定的であることはいうまでもない。

第1章

尾張のヤマトタケルと草薙剣

「和銅七年始めて出羽国に養蚕を行なわしめ、十月尾張、上野、信濃、越後の民二百戸を割きて出羽の柵戸に配し、翌年五月相模、上総、常陸、上野、武蔵、下野六国の富戸千戸を配せらる。」

『大日本時代史』大正十五年刊　早大出版部

尾張で古代といえば、「熱田神宮、そしてヤマトタケル」と応える人は、多かろう。本書も、そこから話を始めることにする。

よく知られた歴史学者、門脇禎二は、『ヤマトタケル　尾張・美濃と英雄伝説』（大巧社・一九九五年）の最後で、ヤマトタケル伝説は、天皇の命によって、ヤマト政権の貴族たちが、周りを征服、拡大していく過程を、それを推し進めた英雄たちの物語として、ヤマトに都合のいい形で編成したものであり、それを現代にふさわしく捉えなおしていくためには、各地にもあった英雄たちのタケル伝説、さらには各地の国づくりの物語を明らかにして、比較検討することが大事である、といった主張で締めくくっておられた。ヤマトの被治者の側からの捉えなおしの重要さを指摘されたと理解し、中央にたいする地方の重視を生涯の研究テーマとしてきた私は、おおいに共感するところがあった。

私が入学した中学校（旧制）は、熱田の杜《もり》に近く、校歌にも熱田の社、ヤマトの皇子《みこ》などが歌い込まれていて、軍国主義教育一色だった時代のヤマトタケル像が沁みついている者にとって、すべて拒否するか、ひそかに懐かしむかのどちらかでしかなかった数十年の殻を破って、「尾張のタケル物語」を描いてみようという気持ちが高まり、この章を構想した。

といっても、ヤマトのタケル伝説を伝える『古事記』や『日本書紀』は、あまりに深く尾張にかかわっていて、それをかなりの部分などぞったと思われる熱田神宮文書などを加えても、なかなか「尾張のタケル物語」の筋書きは浮かばない。記紀に登場するミヤス媛《ひめ》、草薙《くさなぎ》の宝剣のほかに、あっけなく死んでしまう、タケイナダ（ネ）ヒコあたりからも、尾張の「タケル伝説」は容易に描けない。そこで、『古事記』と『日本書紀』のヤマトタケルの描き方の相違を軸にして、その隙間から消されてしまったに違いない尾張のタケル物語を探し出すことにした。

ところで、尾張氏はもともとヤマト勢力に対抗する勢力ではなく、むしろヤマト政権の東国進出に積極的に協力してきた。そして、その過程で、東国に強い影響力をもってきた勢力である。タケル伝説でも、こうした尾張氏の位置づけはほぼ明白である。もっとも、『古事記』と『書紀』では、位置づけ方が異なって、そこが重要なのである。前掲の著書『ヤマトタケル』の中で、記紀のなかのヤマトタケル伝説の形成は意外に新しいのではないかということが話題となっていた。確かに同感で、十年たらずの違いでまとめあげられ、しかも、おそらく利用しえた史料はほとんど同じでありながら、この二つの古代書は、まったく違った書き方をしている部分が少なくない。なかでも、タケル伝説は、その違いが、いかにも大きい。それはつまり、当のテーマが十分に整理調整される時間が少なく、未消化のまま書き上げられたからなのか。いや、もっと違った両書の性格の差、編纂意図の違いのせいであろうか。それらを確かめなが

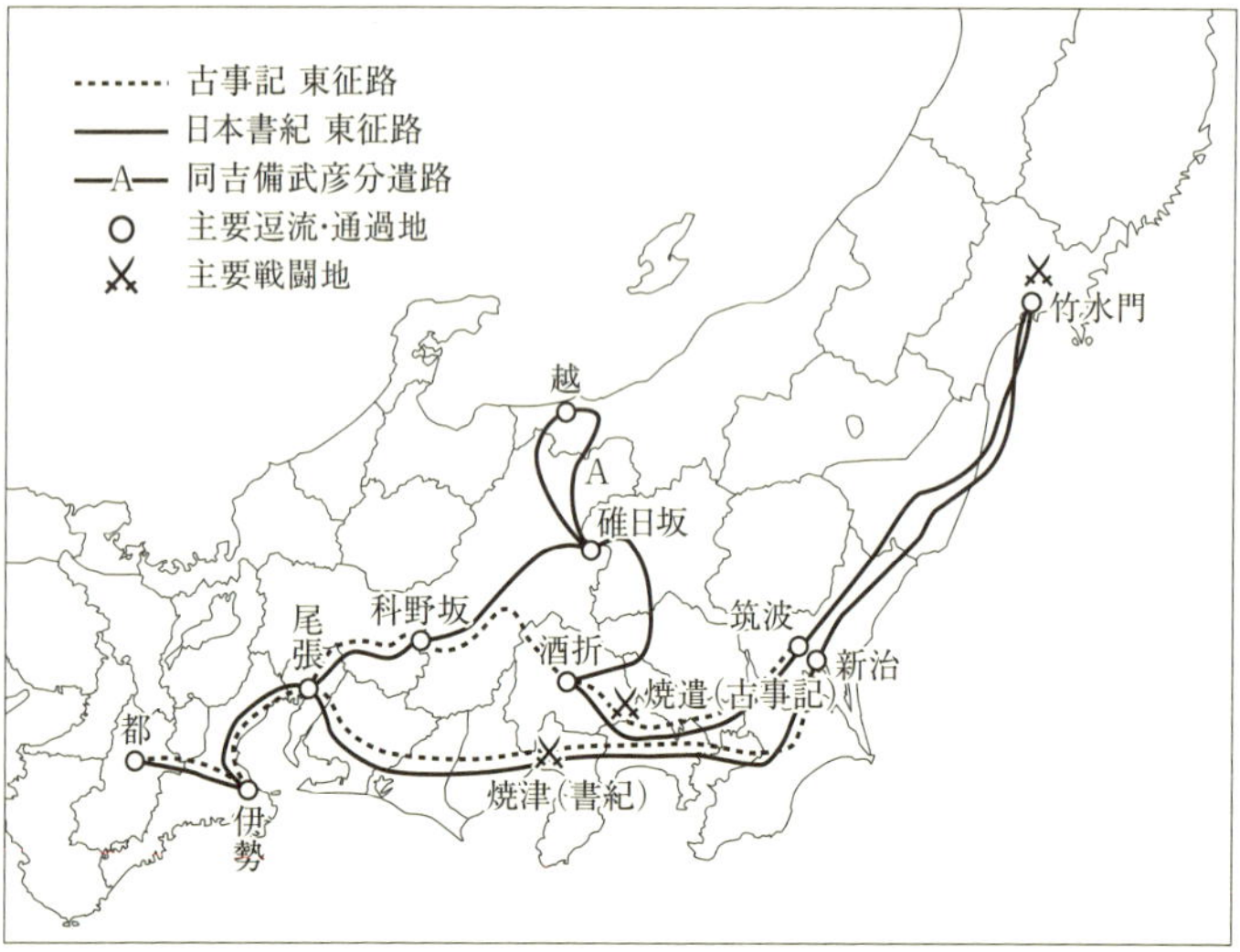

図3　ヤマトタケルの東征コース「古事記」・「書記」比較

ら、その両書の隙間に、尾張の史料にある物語のいくつかをはめ込んでいこうということである。

『記』と『紀』で違うタケル像

『古事記』ではヤマトタケル東征の出発の地を尾張と見てもよく、また『書紀』も含めて、尾張が終着の地と思えるふしがある。ところで、出発の事情からして、記紀の記述の差は、いかにも大きい。兄を暴力的に殺し、その凶暴さを怖れた大王景行の思惑に反して西征から無事に帰ったタケルを、再度遠ざけるために東征させたと見える記述の『古事記』と違って、西征で疲れたタケルではなく、兄大碓《おほうす》に東征を命ずべきだが、隠れ怖れるのを見て、帰れば次の大王たることを匂わせて、弟小碓《をうす》（ヤマトタケル）を派遣する『書紀』では、景行大王のタケルへの信頼はきわめて厚い。天皇氏のなかでのタケルの位置づけが、まったく異なることに注意しておきたい。記紀のいずれも伊勢に立ち寄り、草薙の剣を受ける。伊勢の海を渡るときは、尾張水軍の全面的な協力が推定できる。ただ、『古事記』では、尾張に立ち寄り、オワリ氏の祖の一人とされるミヤス媛と会い、帰還の折りの交わりを約して東国に向かうのにたいして、『書紀』では、尾張の文字も、ミヤスの名も見当たらない。すぐに駿河《するが》の焼津《やいづ》での草を薙《な》ぐ戦となる。その『書紀』でも、この物語の後のほうで病に倒れ、桑名の尾津浜で歌を詠む場面で、そこは往路立ち寄ったところと書いており、そこまで来ていて、駿河に行くのに、尾張によらなかったはずはないと思わざるをえないわけで、何故尾張への立ち寄りを省いたか、ミヤスの名を何故避けたのか、問題がありそうである。

ところで、駿河での戦いを描く『書紀』にたいして、『古事記』では、戦いの場は伊豆半島を越えた相模《さがみ》の焼遺《やいづ》である。東京湾の浦賀水道である走水《はしりみず》での弟橘媛《おとたちばなひめ》の入水はまったく同じだが、『古事記』ではあずまから引き返して、甲斐へ向かう峠で、媛を思う歌を詠んだとするのに、『書紀』は、さらに遠く「蝦夷地」まで進み、はむかう蝦夷を討ち、首領を捕虜として、同じく甲斐に向かったとしている。すでに早くからヤマトとの同盟下にあった甲斐での記述はまったく同じだが、『古事記』のタケルはそのまま信濃を経て尾張に帰るのにたいして、『書紀』のタケルは、「信濃国・越国のみ頗未だ化に従わず」（すこぶるいまだけにしたがわず）として、わざわざ上野《こうづけ》に立ち戻り、碓日《うすい》峠を越え、そこで弟橘媛を想う嘆きの歌を詠む。その後信濃では悪戦苦闘して、ようやくたどり着いた神坂峠越えで、神の怒りに触れ、やっとのことと美濃に出て、そこで途中から分かれて越《こし》（越後）を巡検した吉備武彦《きびのたけひこ》軍と会い、尾張に到る。信濃をなにごともなく通過した『古事記』との違いはなんであろうか。なぜ甲斐までできていて、碓井《うすい》峠へ立ち戻るのか、なぜ越後まで足をのばしたのか、『書紀』の記述には特別の意図を感じざるをえない。次章以後の課題である。

尾張への帰還で東征の話はほぼ終わるが、その後がとりわけ尾張とかかわりがあり、かつ両者の違いも大きい。再会した尾張のミヤス媛との歌のやり取りをくわしく述べる『古事記』と比べて、『書紀』は「ミヤス媛を娶《めと》て」と簡単そのものである。そこで時を過ごし、草薙剣をミヤスに預けたまま伊吹山で重傷を負うところでは両書の記述は同じだが、ここで、醒ケ井《さめがい》からそのまま伊勢への道を辿る『古事記』のタケルと、一度尾張へ帰りながらミヤス媛の家には寄らず、伊勢に向かう『書紀』のタケルの違いがある。しかし、どちらのタケルも、伊勢の尾張・美濃境にある尾津崎（現在の三重県の多度）で、ミヤスとの別れの歌を詠み、その先の三重の能褒野《のぼの》で最後を迎える。出発に際して伊勢で受けた草薙剣は、いずれの記述もミヤス媛のもとに残したままの死である。そこから白鳥と化して大和に向かうという、ヤマトタケル伝説の美しいクライマックスとなる『古事記』にたいして、『書紀』は、ヤマト朝廷への報告の使いをだし、捕らえてきた「蝦夷」の首領を伊勢に送るなどの処理をきっちりと済ませたうえでの死を描く。後者の記述がより整理したかたちとなっているのは、出発にあたってのタケルの天皇家での位置づけを踏まえた記述だからであろう。

このような、記紀のかなり異なったヤマトタケル伝説のそれぞれが意味するものは何かを、両者のみの比較で考えることは、できるだけ避けたい。たとえば、焼津は駿河であり、『古事記』の相模としていることは誤りといった類は、まったく妥当でない。相模にヤイズ（焼遺）と呼ばれたところがなかったとは断言できないし、『古事記』でタケルが甲斐へ向かったとされる道筋に、古く、ワカタケルみちと呼ばれた山道が存在しており、そこに焼畑があったことを否定するわけにはいかない。それぞれが違った意図をもち、違った意味をつけて書かれたとすれば、その差は正邪ではなく、その意図・意味を読み取ることである。とくに、編纂時期の政治課題を敏感に反映させていると思われる『書紀』のそれには注意したい。

記紀の間の記述の差を考察するための第三の材料として、さいわいにも尾張には、ヤマトタケル東征を描いた独自のヤマトタケル物語関連の話がいくつかある。寛平二年（八九〇）の記述と記録されている『尾張国熱田太神宮縁起』をはじめとした熱田神宮関連文書である。その記載のされ方を、記紀の記述と比べつつ整理して、何らかの意味を探ってみたい。

とはいえ、天皇を主上としていただく律令の政治が確立し、統治が各地に安定して広がっていた桓武帝の時代に書かれた熱田神宮文書の代表ともいうべき『尾張国熱田太神宮縁起』のなかに、記紀と大筋で異なったヤマトタケル物語が公然と描けたとは思えない。『縁起』のそれは、ほとんど『書紀』のそれに沿っている。何故そうなのかも一つの着目点となりうる。異なったところといえば、ヤマトタケルの随伴を景行大王から命じられたものとして、吉備武彦とともに健稲種彦《タケイナダ（ネ）ヒコ》の名が連ねられ、幡頭《はづ》（副将）の役割が強調される。そして、陸路を進むタケルにたいして、タケイナダ（ネ）は海路をとっている。しかし、全行程において、彼に関する独自の記述はきわめて少ない。わずかに、「蝦夷地」の戦いで、タケルと会い、協力を話しあっている程度である。それにたいして、尾張の地に帰り、ミヤス媛との再会から、『古事記』にみられるタケルとの歌のやりとりに加えて、そこにはないいくつもの歌が、さらに書き加えられているところは、きわめて興味深く、手がかりの薄いタケイナダ（ネ）ヒコの場合ときわめて対照的である。

熱田神宮文書で、この『縁起』以外では、江戸の貞享年間に、神庫を修理したときに発見され、室町時代の応永二十二年（一四一五）に書きしるされたとされる『宝剣御事』の記述がおもしろい。まず、「熱田帰給……日本武尊終隠サセ給……」（あつたにかえりたまい　やまとたけるのみこと　ついにかくれさせたまい……）はタケルの死去場所についての異説で、熱田での死と記していることには、大いに注目したい。おそらくは『先代旧事本記《せんだいくじほんぎ》』に依ったのであろう。また、同書にある宝剣についての記述部分もおもしろい。

　さらに、江戸期の元禄十二年（一六九九）に、尾張国風土記を著述するために熱田宮事項をまとめたとされる『熱田宮旧記』の記述も重要である。こうした重要な記述がある文書の十分な考証が必要かもしれないが、その能力もなく手段もない私としては、日本史の権威者が編者として名を連ねている『神道体系』の巻のうちにそれらが含まれ、綿密な解題を付して収められていることをもって、信ずる以外にはない。その記述の真偽ではなく、そうした言い伝えがあったという意味においてであることはいうまでもない。

　かくて、記紀の記述にたいして、尾張の独自の伝承から検討すべき事項としては、タケイナダ（ネ）ヒコ、ミヤス媛、草薙剣の由緒、そしてヤマトタケル崩御の地という四つの検討事項があるということになろうか。

きわだつミヤス媛

第一のタケイナダ（ネ）ヒコは、尾張氏の祖と伝えられる火明命《ほあかりのみこと》から始まる系図のなかで、ほぼ実際の祖と考えられると、古代尾張の歴史にくわしい新井喜久夫が認める十一世乎止与命《おとよのみこと》の子、その妹はミヤス媛で、この三人はいずれも尾張氏の祖とされている。『熱田太神宮縁起』では、天皇から吉備武彦とともにヤマトタケルの東征随伴を命ぜられ、甲斐の酒折宮《さかおりのみや》まで同行し、そこからは陸路を辿るタケルと別れ、尾張での再会を約して海路で帰ったとされる。彼が幡頭《はたがしら》として東征に加わり、帰還時に不慮の死で埋葬された地が、幡豆《はず》と呼ばれるようになったとの伝説があるが、随伴の過程ではそれにふさわしい役割は、尾張の伝承でもほとんど語られていない。帰路、彼は駿河の海でめずらしい鳥を見つけ、帰還後タケルに見せようと、無理に追跡する途中、溺死したとされている。そうした彼からは、すぐれた強者の像は浮かんでこない。尾張タケル伝説とすれば、その主役でも、重要な脇役でもなさそうである。もっとも彼は後の系図でみるように、オワリ氏と天皇氏をつなぐうえで大きな位置を占めている。

しかし第二に、その妹とされるミヤス媛は、系図の記載が欠け、学会では実在が疑われているが、タケイナダ（ネ）ヒコとはまったく異なり、あの猛き、恐ろしくもまた尊き皇子であるヤマトタケルとはっきり対峙した尾張の女性として描かれる。それは、いくらかは『古事記』でも感じられるが、さらにそれがより強調される『熱田太神宮縁起』ではっきりと確認できる。タケルの求めに簡単になびくことなく、きっぱりと対応しあう歌の交換の部分である。往路の立ち寄りの際にまぐわい（婚い）を欲し、東征を終えてからとミヤスに拒まれたタケルは、尾張への帰還の後、『古事記』によれば、「ひさかたの　天の香具山」の枕コトバではじまり、「枕《ま》かむとは　我はすれど　さ寝むとは　我は思へど　汝が著せる　襲《おすい》の裾に　月立ちにけり」と非難しつつの求めにたいして、ミヤスは「高光る　日の御子　やすみしし　わが大君　あらたまの　年が来経れば　あらたまの月はきへ行く　諾《うべ》なうべな……」と応じて、タケルを意味する日の光で月のものが消えていくのを待つようにと答えた。承諾しつつも、簡単には応じないと、尾張の祖の一人とされるミヤス媛は自己を主張するのである。

　これに加えてさらに、『熱田大神宮縁起』では、ヤマトタケルから「ますき尾張の山」と歌いだし、古事記と同じように歌で同褥を求められたのにたいして、オワリの媛は、長い年月を承諾しようと待っていたのに、「わが著る　いすいのうえに　あさつきのごとく　月立ちにける」と、はっきり自分の都合を理由にそれを断っている。さらに加えて『縁起』では、『古事記』にはないタケルとミヤスの、そのあとの歌での言い交わし合いがある。「なるみ（成海）

持統天皇より拝領の地に静かに佇む社。すぐ近くにオトヨ命の旧館跡と印された場所もある。

らや　みやれはとおし　ひたかちに　このゆふしほに　わたらへむかも」（わたしのいるなるみの宮は遠く　汐のみちひで　都合のいい夕べにはこられないのだ）とタケルは歌い、非難もこめた願いを続けている。『熱田太神宮縁起』の引くミヤスの歌には、オワリはヤマトと同等、むしろより高みにあるとすら言いたげな響きさえ感じられる。さらに、タケルはかさねて、甲斐の坂《ママ》（酒）折宮にいるとき詠んだという歌をミヤスにささやく。「あゆちかた　ひかみあねこはわれこむと　とこさるらむや　あはれあねこや」（年魚市《あゆち》の火上《ひかみ》にいるミヤスは早く吾が来ないかとまちつつ床に就くことだろう、ミヤスが恋しい）という歌である。これはまさに媛への哀願ではないか。その結果はともかく、このあとの二つの歌は、『古事記』には載せられていない。タケル伝説での尾張側の強い個性を持った女主人公にふさわしい強烈なやりとりであった。オワリ氏の自信の大きさすら感じられる。

しかし、『日本書紀』では、こうした記述はまったくない。そこには「尾張氏の女ミヤス媛を娶りて久しく留まりて月を経ぬ」と書かれるだけで、ミヤス側の主体的記述をまったく欠落させている。ヤマトはオワリとはけっして対等ではなく、命に従うだけの立場であることを主張したいのであろう。

草薙剣の不思議

その尾張での記述で、『古事記』と『書紀』がまったく共通しているのが、大王権の継承にかかわるとされる草薙剣に関する伝承で、それが第三の問題である。

草薙剣については、記紀ともにまずその出現の由来で、出雲でのスサノオによるヤマタノオロチ退治話しのうち、その大蛇のなかから斬りだされたとしている。それが天上のアマテラスに献上され、その孫、ニニギの大八州への降臨に際して、三種の神器の一つとして、草薙剣の銘で授与されることも、まったく一致している。この、まったく一致ということについては、後代による整合調整の結果であることが、『書紀』の記述で明らかにされる。『書紀』は剣の出現の由来に関しての本文以外に、このテーマについての異聞を六つほど併記しており、そのうち本文を含めて四つがこの霊剣について書いているが、うち三つは、今、尾張に在ると述べている。この神代の話の中で「草薙剣」と呼んでいることに、奇異を感じる人も多いのではないだろうか。もともと草薙の名称は、後世、ヤマトタケルがこの剣で草を薙ぎ、敵の策略を逃れたことに発しているとされているのに、そのはるか以前に、「くさなぎ」の名が現われることへの疑問である。ただ、これについては、専門の研究者によって、クサは古語でヘビを意味し、ナギは猛烈、強大を意味するので、ヤマタノオロチから出現した刀の意味であるとの説明で、一応の納得はできる。草薙は、ものすごい蛇を意味するクサナギとなるからである。だが、そうした学者の見解はともかく、『書紀』の本文には、「なかに一つの剣有り。此所謂草薙剣なり。」の文につづけて、注記して、「一書にいわく。もとの名は、アメノムラクモノツルギ。蓋し大蛇居る上に常に雲有り。故以って名づくるか。日本武皇子に至りて、名を改めて草薙剣と曰うという」と書いている。つまり、クサナギはヤマトタケルが草を薙いだことによる銘命だといっている。まさに、後世のその伝承をもとに、記紀のクサナギのテーマが調整されていることが、この一文でいかにも明白ではないだろうか。この種の調整の跡を探せば、その後にもいくらかある。

ところで、草薙剣が次に登場するのは、記紀のどちらもヤマトタケルの東征である。そのはじめに、伊勢で姨《おば》の倭媛《やまとひめ》から草薙剣を授けられるが、途中では、ほとんどなんの出番もない。ただ一度、『古事記』に、相模の焼遺《やいず》で地元の国 造《くにのみやつこ》に欺かれ、草を薙いで難を逃れたという記述があり、草薙剣の神力を示したと広く信じられている場面があるが、よく読めばそれは誤りだと思う。その記述は「倭媛の給ひし嚢《ふくろ》を解き開けて見たまへば、火打ちその裏にありき。ここにまづその御劒もちて草を刈り撥《ばら》ひ、その火打ちもて火を打ち出でて向火を着けて焼き退けて、還り出でて皆その国造等を切り滅ぼし」である。剣は身の回りへの延焼を避けるために使われたに過ぎず、賊を壊滅させたのは、嚢のなかの火打ちによる霊力で向火であった。草薙剣でなく草の刈れるただの剣でよく、倭媛が天皇（この時代は大王か）の許しもなく動かせるとは思えない宝剣を与えたとすることは必要なかった。命の護身剣でも十分のはずである。『書紀』の同じテーマでは、駿河の焼津を舞台としているが、「王《みこ》欺かれぬと知ろしめして、即ち火打ちをもて火を打ち出して向焼けて免るることを得たまふ」と、剣の文字は見えない。もちろん注記で、一説ありとして、草薙について書き加えてはいるが、その加筆部分は、『古事記』との調整のあとが歴然である。東征中のその後の話に、草薙剣については何の記述もなく、尾張のミヤスの手もとにとどめ置かれたまま、終幕を迎える。

いうまでもないが、ヤマトタケルの東征説話はヤマト勢力の東国平定をテーマとした英雄物語である。そのなかで草薙剣は、その存在によってアマテラスを祖とするヤマトの大王家の大八州支配を貫徹させるための権威と強力を帯びた霊力の象徴ともいうべく意義づけられているように思える。少なくとも、記紀の編者によって、それを強く意図されながら書かれていることは確かである。

さらに『書紀』では、「天智紀」の草薙剣の新羅僧による盗難、「天武紀」の草薙剣の熱田社への返還の記述があるが、それは意味の隠された奥深い歴史記述と思えるので、あとで検討する。それを除けば、草薙剣ついてのこうした記紀記述の同一性に見られるヤマト政権の強い意図が確認できるが、それとは別に、他の中央・地方豪族にとっては、違った意義付けがなされていたであろうことは、いうまでもない。いくつかの熱田神宮関連文書などでそれを示そう。なお、これまでも含めてこの関連文書は、神道体系編纂会の『神道大系　神社編一九巻　熱田』によっている。

九世紀末の寛平二年（八九〇）の『尾張国熱田大神宮縁起』の記述は、寺社縁起独特の大げさな表現もみられるが、草薙剣に関しては、盗難、返還事件も含めて、大意で記紀と変わるところはない。律令体制の下で、絶対的権威をもち、その臣下として忠実に従わねばならないオワリ氏の熱田宮の公的文書という性格の故であろう。しかし、異説文書も多い。まず取り上げたいのは、十四世紀末に書かれた『宝剣御事』である。それによれば、わが国にある三つの宝剣の紹介で、大和の布留《ふる》の石上社《いそのかみしゃ》にある十束剣《とつかのつるぎ》、熱田の天蠅切剣《あめのはえきりのつるぎ》（古語で、はえの「は」には蛇の意味があった）、宮中に置かれた草薙剣がそれであるとする。

『宝剣御事』の記述によれば、蝿切剣はスサノオが十束剣でヤマタノオロチの体内から取り出したもので、またの名を天村雲剣とも呼ぶ宝剣で、代々内裏に置かれていたが、崇神の御代に、大物主神の霊威をおそれて、大和の笠縫の社に移され、さらに伊勢の大社に奉置され、次いで、東征で、ヤマトタケルの手に渡り、最後に熱田に安置されるなど転々とした。しかしその剣を宮中から外に移したとき、鹿児山《かごやま》で採った銅で、本物と寸分違わぬレプリカをつくり、宮中に代置した。その剣も後の陽成院（八七六年即位）のとき、抜くと電光を発する宝剣とわかって、宝剣草薙剣とされたのである。興味深いので付言するが、この代置の剣は、鹿児山の銅でつくったとされており、尾張の祖の天香山命《あまのかごやまのみこと》とのかかわりが暗示されていること、また「神武紀」にヤソタケルとの戦いで、天香山《あまのがごやま》の土で平甕をつくって祀り、勝利したという伝承をまねているように思える。その「神武紀」には、ジンムが熊野で苦戦するなか、その土地に住む高倉下《たかくらじ》がアマテラスからの夢のお告げで、天からの宝剣の在りかを知り、それをジンムに献じて戦に勝つ話があり、その高倉下はまたの名が天香山命で、『書紀』では尾張の祖と注記される人物である。この高倉下、すなわち天香山は二度にわたって宝剣を新たに大和に進出（拡張か）したアマテラスの直系の勢力に献じたことになる。オワリ氏と剣の関係が強いという伝承であろうか。またこのレプリカづくりでは、古代、祭事に関わってきた斎部《いむべ》氏の事績をまとめたものとして知られる『古語拾遺《こごしゅうい》』（八〇七年の撰）にも、崇神の宝剣遷座の折、別に鏡と剣を鋳なおして、皇位継承のときの神璽としたと書かれており、似通った記述である。草薙剣ほどの由緒ある剣ですらそのレプリカがつくられ、しかも神聖な宝剣として同じ役割を果たしていたということに注目したい。

古代の伝承はともかく、こうした王権の授受継承の〈しるし〉についての古代史の研究者の学問的検討をふまえると、しるし（御璽）は、当初は鏡であり、剣は護身用として添えられたもののようで、いわゆる「三種の神器」の概念の形成は後代のものとされ、それが、すでに早くから独自に鏡を祀っていた伊勢宮、剣を祀った熱田宮などの神道祭祀と融合しながら、伊勢神宮、熱田神宮への神器奉置の形がつくられたという説が有力だと、岩波文庫『日本書紀』の注記は書いている。この説を採れば、いわゆる宝剣は護身用として、祖先の霊力を帯受させたものを各自が持っていたのであって、草薙剣と呼ばれる宝剣が一つに特定されるものではないということになる。その考え方を支持することになる記述が、熱田関連文書の『熱田宮旧記』のなかに見える。同書は熱田宮の土用殿に古くから奉置されている草薙剣のほかに、天武の朱鳥元年に同宮に還座された神剣を「別殿を建造し、草薙剣の徳に比し、八州安国を祝い、八剣社と称してこれを祭る」と書きしるしている。読み方にもよるが、二本の草薙剣が熱田に祀られたことになるのであるが、かかる事態が起こることも、先の研究から理解できなくもない。天武末年に宮中から送られてきた草薙剣は、古来のアマテラス以来の草薙剣の神霊を帯受した天武の護身用の宝刀だったと考えればよい。『書紀』で、その正当性と心霊性をより強めるために書き加えたと思われる天智七年の新羅僧による宝刀盗難事件は、必ずしも必要ではなかったのである。

しかしその場合、解けない問題が残る。『書紀』の「天武紀」に、卜《うらな》いによって、天武の病が草薙剣の祟りだとされ、即日に宮中の剣を熱田に遷座したと書かれている、その判断のことである。その判断は、重病の天皇ではなく、政務を任されていた（持統）皇后、草壁皇子、大津皇子であろう。当時の判断基準として卜いの結果の重大性は十分理解したとしても、それでも皇位授受に大きく関わる天武の宝刀を外部に送り出すことの重要性を考えれば、卜の結果が知られた即日の判断にしてはあまりにも軽率であり、にわかに信じがたい思いがする。そのようなことを、とりわけ理知にすぐれた皇后と二人の皇子、とくに大津皇子がなしたであろうか。もっとも、この天武重病中の政務を任された三人の関係が、もし通常ならば、宝刀移置の判断は、病気快癒の切なる共通の願いの現われと見てもよい。しかし、実子の草壁皇太子と姨・甥の関係の大津皇子の皇位継承適任の資質と評判に悩む皇后鸕野《うの》という、緊迫した異常な関係だったとすれば、そこに黒い影が消しがたくまとわりつかざるをえない。草薙剣の尾張送致を決定してわずか三ヵ月の後、願いもむなしく天武は崩御され、そのモガリの儀式準備のさなか、「皇太子を謀反《かたぶ》けむとす」とされた皇子大津は、その十日後に称制（即位前天皇）としての権力を得た持統から一カ月に満たないうちに死を賜った。「皇太子への謀反」の内容は不明だが、草薙剣の霊力を帯びていたと信じられている天武の宝刀の措置を決めるにあたって、おそらく果たしたであろう大津の言動が関わっているという気がしてならない。それを感じさせるのは、宝刀返還決定のわずか一カ月後、まだ天武の在位中に、その天武が二年前に下した「大津政務への参加」を取り消し、「天下の事、大小を問はず、悉に皇后及び皇太子に啓《もう》せ」と勅させた（と『書紀』に書かれている）持統の異常な機敏さから受ける印象の故である。

「大津皇子謀反事件」に、素人による場違いの妄想をたくましくしたことは走りすぎだが、それは、「草薙剣の祟り」と占われ、草薙剣について皇后、皇子らに深刻なまでの心痛を与えねばならなかったほどの真実性をもったある「ことがら」が、広く世に知られていたという背景があったからに違いない。しかもそれが記紀のヤマトタケル東征説話のくだりとじかにかかわっているのではないか、と仄《ほの》めかしたかったためである。

それは最後の第四問題の、「ヤマトタケルの薨去の地はどこか」の検討につながる。

タケルの薨去地は？

先の『宝剣御事』は、「伊富貴山神毒気《いぶきやまのかみのどくけ》に当たり給い、御悩み重ければ、熱田に帰り給い、……草薙剣をば熱田社に治め奉り、日本武尊終に隠れさせ給」と、ヤマトタケルの尾張熱田での薨去を記述している。また、別の説として、「剣八つになりて、空へ舞い上がり給い、終に尾張国熱田宮に落ち着き給う所に、宮を造り、此れを八剣宮と崇い奉る」ともつけ加えている。ヤマトタケルが熱田で死んだという伝承が尾張の地に根強くあったことを示している。

一方、記紀ではどちらも、崩御地を伊勢の能褒野であるとするが、率直な読後感でも、また記紀の記述の細部に照らしても、きわめて不自然といわざるをえない。もともと『古事記』は、天武天皇が稗田阿礼《ひえだのあれ》に暗誦させていた帝紀や旧辞を、和銅四年（七一一）にいたって太朝臣安麻呂に撰録させつつ文字化したものである。特徴として、古来から伝えられていた神話や諸豪族の旧辞をできるだけそのままに、帝紀の整理にあわせて収録させており、古来日本人の生きざまや感じ方が赤裸々に、しかしそれだけに素朴、率直で、かつ闊達な筆でまとめられた伝承・物語を含む文学作品である。一方、それに並行して進められていた『日本書紀』の編纂は、日本ではじめての正史づくりであり、同じ帝紀・旧辞を使い、さらに諸氏族の墓誌などを収集して、ヤマト王朝の正当性を明確にすることを第一の目的としてまとめられた歴史書であり、当然のことながら両書記述に差が生じる可能性はある。

だからもし、『書紀』の編纂内容に照らして、皇位の継承など、根幹でその正当性を侵し、あるいは齟齬をきたす伝承、物語があれば『古事記』の記述は、調整され、改変されたに違いない。ただ、『古事記』は、元明天皇による命令のわずか一年で完成されており、両書の比較調整が充分におこなわれたとは思えない。本書はその違いに注目しつつ検討を加えており、そのことに重要な意義はあるが、調整できず、『古事記』の部分の変更を余儀なくされたこともいくらかはあったはずである。しかし、その変更前の内容は残されてはおらず、その解明は不可能に近い。それを承知しつつ、私は『古事記』の伝承物語としての「文学的特徴」と、『書紀』が記した短い一文などを根拠に、阿礼が諳《そら》んじていたもともとのヤマトタケル物語では、「タケルの尾張死亡」が語られていたという考えを展開したいと思う。

まず、尾張のミヤスのもとにとどまったタケルは、何故伊吹に向かったのか、しかも霊剣「草薙剣」（実は護身のためのタケルの宝刀）をミヤスのもとに預けたままの伊吹行きだったのか、である。伊吹山は、美濃と近江の境にそびえ、畿内に入る隘路を扼する要害の地で、都を守る三関の一つの不破の関を麓にしている。近江はもちろん、美濃の部分も、不破に近い西中部では、畿内を守る勢力が強かったことは、壬申の乱での当地をめぐる攻防を想起するまでもなく、周知のところである。かつて崇神の御世、大和にあった宝鏡を伊勢に遷座するとき、近江、美濃を経たという言い伝えがあることをあわせ考えると、伊吹山一帯は、古くからのヤマト政権の強固な支配地である。その伊吹の山の神が反ヤマトの賊とは信じがたい。また反ヤマトを唱える氏族や賊輩が蟠踞《ばんきょ》しているはずは、まずない。そこでタケルの通行に対して抵抗があったということは、タケルが『古事記』の書く東征出発時の反天皇氏と思われたままだったということになる。

『古事記』には、タケルは東征にあたって、景行大王からひどく疎外されたと感じており、伊勢の姨《おば》に「なほ吾既に死ねと思ほしめすなり」とまで訴えたと書かれている。もしそのヤマトに還ろうとするためには、強い抵抗を覚悟しなければならない。そして、それを実行するときには、ヤマトの王たることのしるしである草薙剣を帯びることは、神意からいっても許されるものではない。尾張のミヤス媛に草薙剣を託したのは、タケルが運命に従って、死も覚悟していたことを物語が予定していたためであろう。恭順の意を表しつつ不破の関の戸をたたいた

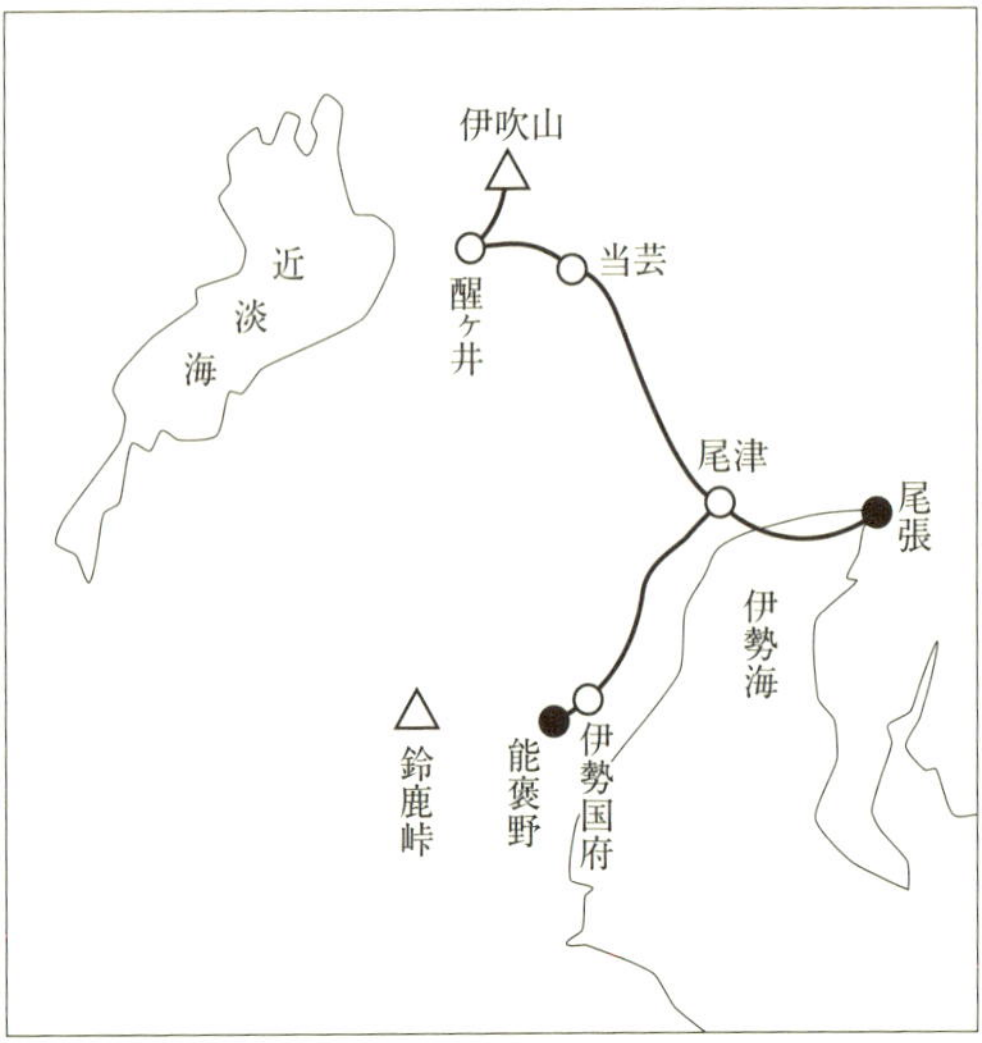

図4　ヤマトタケル最後の地

タケルへの許しはなかった。そして物語の筋書きどおり、タケルは戦いに敗れた。『古事記』でのタケル英雄物語は、伊吹での重い負傷が死のはじまりとなるべく語られる悲劇であったに違いない。あとはその死が終幕にふさわしく、いかに美しいものであったかを描くことだけが、残されていた。とすればそれはどのようなものであっただろうか。『古事記』が伝え、『熱田太神宮縁起』がさらに書き加えていた、あの強烈なまでの歌い合せを思い出しながら、その最後はかくあったであろうという想像をたくましくしてみたい。もちろんその想像の根拠は、記紀のなかから見つけねばならない。

ヤマトタケルが伊吹山で病に倒れたとき、自然の判断ならば、まず、すぐ治療休養できる尾張へ帰ろうとするはずである。しかし『古事記』はなんとも遠い都を目指して伊勢に入り、鈴鹿越えを試みたようだが、伊吹での都入りの失敗からすれば、それはありえない行動である。物語として、人びとの共感を呼ぶ伝承の筋書きならば、愛する者のもとへの一刻も早い帰還であろう。だから都に向かったというくだりは、「後づけ」に違いない。そこで注目したいのは、尾張に関することはほとんど記述していない『書紀』が、逆に尾張の記述のきわめて多い『古事記』に書かれていないにもかかわらず、一度尾張へ帰ったと記していることである。それは、

当芸野から見た伊吹山は晴天にもかかわらず雲が立ち込めていた。

「日本武尊、是に、始めて痛身有《なやみますこと》り。然してようやくに起ちて、尾張に還ります。ここに ミヤス媛が家に入らずして、すでに伊勢に移りて、尾津に還ります。」というくだりである。

『古事記』による伊吹から醒ケ井《さめがい》、当芸《たげ》、杖衝坂、さらに尾津浜と、疲れ苦しむタケルの痛々しい描写とはまったく違って、『書紀』はいかにもそっけなく、散文的なこの一文のように、尾津（現在の多度）に到達する前に、何故、尾張への道を辿ったのか、しかもめざしたはずのミヤスのところになぜ行かなかったか、まったく理解できず、とっ

て付けた部分のようにしか思えなかった。しかし、そこにこそ、『書紀』編者は重要な意味を忍ばせたのではないかと、ふと気づいた。

今伝えられている『古事記』では、『書紀』と同じだが、尾津の場面で、ミヤスへの別れの歌を詠み、さらに辿りたどりして、能褒野で死を迎える。そこで、クニを賛美し、家族を思うタケルの歌と、急ぎ駆けつけ、タケルの死を悲しみ、八尋白智鳥《やひろしろちどり》となって都に向かって飛ぶ御霊に別れがたく歌う后や子等の歌を数多く書き連ねている。しかし注意して読むと、それらの多くは、能褒野の場所にふさわしくない、場違いともいえるものである。タケルは鳥となって都を目指して、「浜に向きて飛び行でましき」と書かれ、それを追う人びとの歌に「海処行けば　腰なづむ」、さらに「浜つ千鳥　浜よは行かず　磯伝う」と、海が多くでてくる。海辺か、海の近くでの別れの情景である。しかし、能褒野は鈴鹿の山々に近い、海とははるかはなれた内陸の荒野である。都に向かう鳥は海とは反対の、西に向かい山を越えねばならないし、その鳥を追う人々が海、浜でなずむことはできない。もちろん、伝承・物語のもつ美意識や神秘性にうったえるために、修辞的に海が使われたとする意見もあろう。しかしそれならば山でも広野でも表現可能であり、素朴・自然を特徴とするこの物語ではその臨場さが使われたはずで、タケルの崩御地はやはり海に近いところであるといいたい。

そして、それらがあるのは、尾張の年魚市《あゆち》の浜である。都は西の方、伊勢の海を隔てている。その方向に飛び立つ白鳥を追えばすぐに浜であり、磯は都に向かって、西に、あるいは南に続いている。『古事記』が能褒野でくりひろげられたとしているこれらの描写や歌が、タケル伝承の原型のものだとすれば、タケルの最後の地は尾張の浜以外にはないことになる。

『古事記』は、タケルが死に際して最後の歌を

嬢子《おとめ》の床の辺に
　我が置きしつるぎの太刀　その太刀はや

と書いている。

そこに侍《はべ》っていたミヤス媛を前にしての歌であり、わが身に代えての太刀をミヤスに託する歌以外には考えられないではないか。疲れ果てたいくさびとに囲まれて、広野の能褒野で歌われたものとは、どうしても思えない。タケルは尾張を永の安住地と覚ったのである。

『書紀』はきわめて散文的で、ほとんど歌のたぐいを載せていない。しかし、尾津の浜でタケルが詠んだとされる歌を、めずらしく載せている。

尾張に　直《ただ》に向える　一つ松あはれ
一つ松　人にありせば　衣著《きぬき》せましを　太刀《たち》佩《は》けましを

で、『古事記』が同じところで歌ったとされるものとほとんど変わりないが、より歌らしく整えられている。尾張にいるミヤスを思うタケルの歌とされている。名歌であり、印象に残るが、率直にいって、あまりにも巧く、状況をきちんと詠みすぎていて、瀕死の病苦のなかでのものとは思えない。さらにいえば、この歌は、どう考えても「おとこ歌」ではない。「おんな歌」である。妻が夫の遺体にむかって衣を着せたい、太刀をはかせたいのに、それが叶わぬことをなげく歌であろう。後日、タケルに縁のある女性が尾津にある松を見て歌ったものだろうか。一方、『書紀』は能褒野では、ただ事務的な処理をおこなった後の死を伝えるだけである。

こうみてくると、能褒野の広野で展開されたと『古事記』がつたえる歌は、歌われる内容からいっても、情景からいっても、また英雄ヤマトタケルの悲劇物語の最後にふさわしいパトスからしても、年魚市の浜での、ミヤス媛も交えたオワリ氏の人々に囲まれてのものであったと、確信できる。ヤマトタケルは、大高か鳴海か、あるいは熱田の浜近くで、息を引き取った。ミヤスの家に到る前だったのであろう。

阿礼が暗誦していた「タケル伝承」は、尾張のあゆちの地で最後に愛したミヤスに抱かれつつ死んだ。それこそ、この悲劇に満ちた英雄伝承にふさわしい最後として、歌い上げられていたものである。そして、この伝承は、記紀編纂の時代には、広く世に知られ、あるいは詠《よ》まれていたに違いない。そして、そのことこそが、前の項で暗示しておいた、ある「ことがら」なのである。

「タケル伝承」はなぜ変わったか

しかし、『古事記』はそのままこの伝承を記述することは許されなかった。同時に並行して進められていた『書紀』編纂の都合で、今ある形に書き換えられた。古い伝承の記述という主旨に反するという『古事記』編者の当然の思いを抑えても、それが許されなかったのは、皇位継承の記述に差し障るからであったと思う。記紀両書の編纂に関わった人々の複雑な情も残されたに違いない。だから『書紀』は、「タケル尾張へ還る」の場違いで意味不明とも思える一文を書き添えることで、原型をひそかに示し、「贖罪《しょくざい》」をおこなおうとしたのであろうか。あるいは、阿礼が暗誦していた物語のもともとの内容は、すでに広くその時代には知られていたために、それとの整合をもいくらかは考慮しなければならなかったのだろうか。

　タケル物語の「尾張の地での悲劇的な死」はそのまま『古事記』のなかに文字として再現することは許されなかった。それは、皇位の継承の記述に不合理が生じかねなかったからであると、推定したい。ミヤコを追われるように他国を巡り、尾張の地で死んだという当時広まっていた伝承のタケルは、記紀にはともに大王景行の御子ら八十王《やそはしら》、つまり八十人のうち、わずか三王の太子《ひつぎのみこ》のなかの一人だと書かれている（これにも潤色を感じる）が、もし景行のタケル追放（?）の追認と、タケルの尾張での死を書かれれば、『書紀』のなかのヤマトタケルは当然皇位継承権者としては皇統から除外されざるをえない。

　帝紀に記された天皇の治世年や享年は、よく知られているように、常軌を逸している。それはそれぞれの世代で都合に合わせて創作されてきたものであろう。しかし、『書紀』の記述で、帝紀記載のそれを逸脱することはできない。そのなかでの継承の一貫性をつくるための「ツジツマあわせ」は困難な作業だったであろう。後世の研究で、その不合理さのいろいろが明らかにされているが、ヤマトタケルの扱われ方もその一例のようである。表の皇位系統図（A）のように、在位六十年、百六歳で薨去した大王景行を継いだとされる、大王成務は、在位六十年。后無く、子無く、また事績の記載もほとんど無く、百七歳で薨去と記述されている。した

皇位継続図（A）

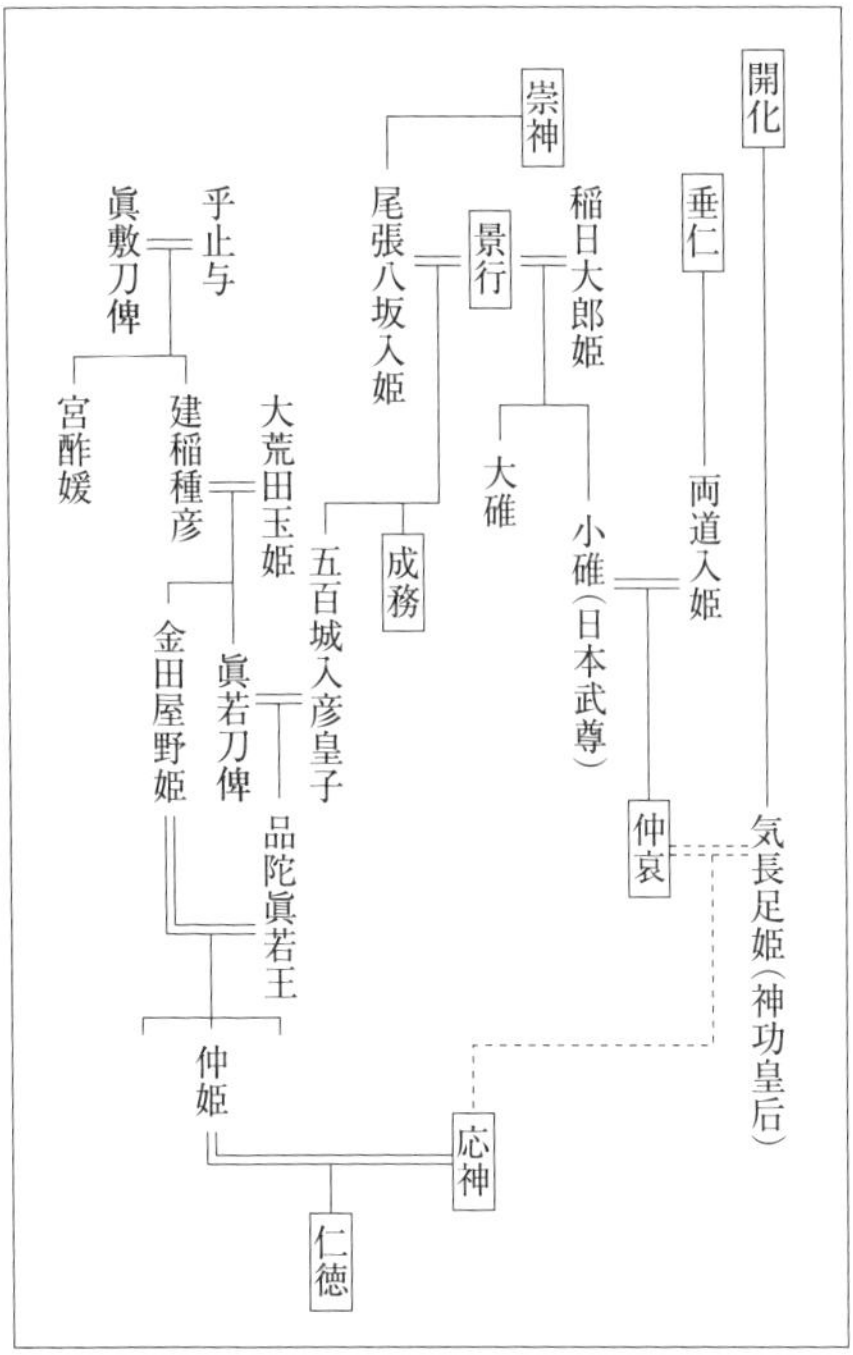

皇位継続図（B）

がって、皇統は、本来の帝紀を整理すれば右側のようでなければならないが、そこで男系を前提とした皇位の連続性は、途絶えることになる。もう一人の太子の五百城入彦皇子《いおきいりひこのみこ》も、その子品陀真若王《ほむたまわかのみこ》もどちらも皇位を継いでいない。そのわけは古事記の注記からうかがい知れる。応神段の注記によると、五百木入日子は尾張連の祖タケイナダ（ネ）ヒコの女を娶って、品陀眞若王をもうけたが、その王も、同じタケイナダ（ネ）ヒコの女を娶って、三人の姫女（高木姫、仲姫、弟姫）を生んでいる。さらにいえば、五百木入日子も大王成務もその祖母は、尾張大海媛で、数代にわたっての天皇氏とオワリ氏との繰り返しの深い血縁関係があったようで、そのことが景行大王の数少ない太子の一人であった五百木入日子が皇位につくことに、諸豪族の反発が強く、実現の妨げとなったと推察できる。もちろんその子、品陀眞若王についてもまったく継承の可能性はない。かくて、ほとんど真義性のない景行、成務二代にわたりそれぞれ六十年の在位の記録にもかかわらず、皇位不在が生じてしまう。

ところで、応神大王は品陀眞若王の三人の姫女を娶り、うちの仲姫が次の大王仁徳を生む。問題は、景行・成務と応神をどうつなぐかであり、『書紀』の編者は、その正当性づくりに腐心したことであろう。そしてその唯一の方法として、ヤマトタケルを皇位継承権者として皇統に残し、その子仲衷を配し、その后の神功《じんぐう》の伝説によってつながねばならなかった。系統図（B）が記紀の共通の記述である。そしてそのために、ヤマトタケルは太子《ひつぎのみこ》としてどうしても皇統に残らねばならなかった。皇位になかった人物で、記紀に妃や子孫の名を記載されている唯一の例外がヤマトタケルであるが、それは、仲哀大王がヤマトタケルと垂仁大王の皇女との間の皇子であることを示すためではなかったか。事情はわからないが、それでも応神は神功皇后の胎中の子という異常なかたちでかろうじて継続を保たせている。そして、神功の皇后摂政が六十五年も続くということで、実際はこの時期かなりの大王不在が在ったのではないかという疑問がでてくるのもうなずける、大断絶の時代であった。いずれにしても、ヤマトタケルの皇統権の維持は、最優先の選択であったのである。だから、もとの「タケル物語」は、改作せざるをえなかった。最後まで天皇氏のために行動し忠実に皇務を成し遂げた人物としてである。

かくて、改作されたタケル物語では、「死の行進」を、尾津浜から能褒野まで続けることとなる。大王の命を守り、務めを果たし、都に帰る途上での不幸な災難に遭遇した。それでもひたむきにミヤコをめざしながら、伊勢の能褒野でいのち尽きた、いかにもけなげな太子として改められるのである。能褒野は、飛鳥と伊勢神宮への道が分かれるあたりで、伊勢の国府が置かれた枢要な場所であり、いわばきわめてヤマト的な場所である。あくまでも大和に近く、伊勢の、しかももっともヤマト的な地である能褒野で、タケルは力尽きた。『古事記』では、死後、ミヤコを慕って白鳥として飛ぶという終幕によって飾られることとなったが、出発と終幕の状況の間のいちじるしい違和感はそのまま残された。それを変えるまでの変更は、伝承の尊重からいって、できなかったのであろう。だからこそ、『書紀』では、異常なまでにその違和感を払拭している。そこ能褒野で捕虜とした「蝦夷」の首長らを伊勢の宮に送り、東征にずっと随伴してきた吉備武彦を使として都に派遣し、自分の死は惜しくはないが、直接の報告ができないことが口惜しいといった忠実さを伝えさせている。出発にあたっての大王景行の期待にたがわぬすぐれた太子であったのである。

しかし、天武末期、ミヤコで「草薙剣」（タケルの護身剣）が、よく知られた伝承では、本来あるとされる尾張ではなく、宮中に置かれていることが問題となる。広く流布していた、さきの伝承がその背景にあったのか。ここで伝承と史実が交錯する。それを公式の舞台に提起するきっかけになったのは、天武の病を占った卜であるが、だれによって、なぜおこなわれたのであろうか。それは、天皇家の系統にも関わる重大事となる危惧を含んでいたのに、と思わざるをえない。しかし、この結果として生じた事態を消し去るために、周知の伝承にしたがって「草薙剣」を返還するという措置が緊急におこなわれなければならなかった。伝承のなかでのタケルの意思は「太刀はミヤスのもと」なのである。「天武紀」の「朱鳥元年六月戊寅」の日の「天皇の病をトふに、草薙剣に祟れり。即日《そのひ》に、尾張国の熱田社に送り置く」の記述の仕方に、その緊急性と、それがもたらした大きな困惑が、はっきりと読みとれる。

後年の『書紀』の編纂では、辻褄合わせに、「新羅僧の宝剣持ち出し」という「天智紀七年是歳」条の記述が加えられる。この「天智紀」の記述は、一見荒唐無稽に見えるが、天智代の当時、新羅の日本侵攻のおそれはきわめて現実的だったことを想うと、まさに巧妙にも時代にかなった記述だといえるかもしれない。いずれ対外関係にもくわしい、渡来人をも含めたすぐれた紀編纂学者らによる発案であり、新羅の侵攻を怖れた当時の状況も反映していて、宝剣をめぐる難問の見事な辻褄あわせとなった。

私が草薙剣の熱田への遷座と持統のかかわりにこだわるもう一つの事情がある。『書紀』に書かれる天皇即位時の皇位のしるし、神璽授受についての記録のされ方である。おそらくは定式化され、恒例の行事であり、あえて書く必要がなかったためであろうか、記録されるケースは割りに少ない。しかも書かれたとしても単に「璽」とされているだけだが、二つの場合だけが、鏡剣と神器名をあげている。このことを問題にとりあげている松田宏二に触発され（『草薙剣は二本あった』鹿友館平３）私も注意して読みかえしたが、そのとおりであった。その一つは継体天皇の場合で、皇統が絶え、近江に在ったオホド王に後継を願うがなかなか容れられず、時を経て重臣等の要請が高まるなか、「天子の鏡剣の璽符（みかがみみはかしのみしるし）」をたてまつられ、即位したと記述される。皇統断絶という危機のなかでの即位の故であろうか。もう一つは持統天皇の場合である。「持統紀」は、天武の死後、「称制」として代わって政務を執った皇后が、草壁の死の一年後、自ら皇位についたときの即位の式を順を追って詳しく記録し、「忌部宿禰色夫知《いみべのすくねしこぶち》、神璽《かみのしるし》の剣《つるぎ》・鏡《かがみ》を皇后《きさき》に奉上《たてまつ》る。皇后即天皇位《あまつひつぎしろしめ》す」と書いている。これは、あるいは令制度の整備が進み、式次が明確化したためとも考えられなくもないが、草薙剣の尾張遷座に絡むと想像される大津皇子の死が、強く持統に意識されていたことをふまえての記載のように思えてならない。このこだわりが晩年の参河行幸につながるとさえ思える。

あまりにも心が動いて、想像が妄想になってしまった懼《おそ》れがあり、自戒すべきかもしれない。しかし、「タケル東征」についての記紀の間の記述の食い違いの多さにもかかわらず、この草薙剣の安置場所とヤマトタケルの終焉の地についてのみは、「こじつけ」ともいえるほどの、無理な一致の記述のなかに、深い意味を感じていたがゆえの走りすぎだったことも弁解しておきたい。

オワリ国づくり物語

最後に、これまでの検討を下敷きにして、記紀や尾張に関するいくつもの記述をもとに、「オワリ国づくり物語」を描いてみよう。

『日本書紀』を見ていると、『古事記』にはない、ヤマト政権にたいするオワリ氏の位置の高まりが感じられる。『古事記』にはまったくない天孫のニニギノミコト降臨後の子のうちの一人、火明命《ほあかりのみこと》とオワリ氏のつながりが、明記される。オワリ氏の系図づくりが進んだのだろうか。そのためもあって、神武の大和進出（拡張）に押されて、早くから熊野の地にあったアマノカゴヤマ（火明命の子）率いる勢力が、宝剣をいただき、伊勢の海にでて、そこに土着の豪族尾張氏や尾張の海部族と結び、尾張の地や伊勢の海を舞台に力をえ、さらにヤマト政権に協力して、遠くあずまの地に進出し、やがて越後にまで影響力を広げたという筋書きがおぼろげに読みとれる。上野国に「尾張」の地名を、また信濃国にも「尾張部」の地名を残してその足跡をとどめている。越後の弥彦神社の祭神は天香山命であり、その由緒書きには「祭神は神武天皇四年、勅を奉じて越後の国土開発のためにご来臨、野積浜に御上陸の後、弥彦山の東麓に宮居して当地方を鎮撫し住民に漁業、製塩、農耕、酒造などの術を授けて民福の増進に力を用いたまう」（鎌田純一『先代旧事本紀』二九四頁）とある。史実にもとづく研究では、これらの話は疑問ありとされており、また、オワリ氏がヤマトの大王家にきわめて近い出自をもつという系図は、尾張南部に根拠をもつ大豪族オワリ氏の自己顕示のためのつくりごとではないかという説は当たっているのではないかと思う。しかし、ほかにも、『古事記』の垂仁段に、ホムチワケ王の話があり、「尾張の相津《あいづ》にある二俣杉を二俣小舟に作りて、持ち上り来て、倭の市師池、軽野に浮かべて、その御子を率て遊びき」という文章がある。校注者は、尾張の相津の所在は不明とあるが、相《あひ》は英比《あくひ》で、今の阿久比だという福岡猛史の説は正しいと思う。その地先の港が相津で、垂仁の時代、海路を使った尾張と大和の交流があったことをうかがわせる。こうしたヤマト王権とのつながりをもちつつ、その東国への進出にあわせて、おそらくは水軍力で協力しつつ、オワリ氏も東国へと進出していった。

常陸国風土記には、崇神から景行、成務などの時代に、ヤマトのタケル天皇の事績が極めて多く書かれており、大和勢力の進出のさまが頻繁に描かれているが、尾張の勢力もそれに加わっていたと思われる。すぐ隣る毛国（上野＝群馬、下野＝栃木）も早くから大和勢力と結んだクニだが、そこから碓井峠を越えて、北信濃などへの浸透もあったであろう。現長野市の中心部に、尾張部《おわりべ》の地名が今にいたるもそのままの名で存在しているが、そこは尾張から伊那谷を経て、信濃国造の系譜をもつとされる金刺《かなさし》氏の勢力の強い南・中信濃を北上する道と、上野国を経て北信濃へ進出する道とが合流する地点である。東・北信でやはり同じ信濃国造系の有力氏族であった他田《おさだ》氏は上毛でも有力氏で、また『和名抄』に「緑野郡尾張郷」の地名もみえて、尾張とのかかわりが大きいと推定され、越《えつ》や信濃国も含めて、東国において、オワリ氏の勢力がひろく影響力を持っていたことを感じさせる。『新潟県史』によれば、五～六世紀に頸城《くびき》、魚沼《うおぬま》、古志《こし》、蒲原《かんばら》への大和・尾張勢力の進出が、信濃から千曲川沿いのルートであり、伝説と史実は意外に接近しているようにも思える。その進出のはるか先端には、弥彦山がそびえ、弥彦神社が鎮座している。

「アマノカゴヤマを祖とする尾張氏」というふれこみは、事実ではないとしても、東国の開発におけるオワリ氏の係わりを世に広めるのに役立ったに違いない。武蔵の稲荷山古墳から出土した鉄剣銘から読み取れば、こうしたヤマト政権のあずま進出は四世紀末か五世紀初めと考えられる。天武・持統朝が、新たな東国経営を企画し実行するためには、三百年前と同じように、このオワリ氏の積極的なかかわりが有効であり、強く期待されねばならないものであったと考えたい。

オワリ氏は尾張の南部、今の名古屋市瑞穂区南部辺りが発祥の地といわれる（新井喜久夫「古代の尾張氏について」『信濃』21巻1.2号）。その祖といわれるオトヨ命は、子供にイナダネ（稲種）の名を与えていることから想像してだが、付近の台地・低湿地を含めて、農業開発指導にすぐれていたであろうし、それをつうじて勢力を拡大していったに違いない。そして尾張海部族とのつながりを強め、水軍力を備え、水産物の生産、流通で得た経済力と、ミヤス媛らを祖とする氏族集団が祀る熱田宮を中心に政治的な安定もあり、六世紀にいたっても東国では屈指の巨大古墳を築くほどの力を持ち続けた。ヤマトタケルの尾張での崩御を記した『宝剣御事』の記述などからは、尾張には「ヤマトのタケル」ではない「オワリのタケル」の伝承のあったことを書き残しているのも、オワリ氏のこうした力のあったことを背景としていたであろう。もし伊吹山の不幸な死がなければ、タケルはミヤスを娶り、オワリの王として尾張の地にとどまり続けるべき人物といいたげである。天皇氏から疎外されたタケルならば、ありうべき「オワリのタケル物語」ではあった。

しかしともかく、記紀はこうしたオワリ氏が伝えるタケル伝承を、あるいは捨て、あるいは択し、また加工して、ヤマトタケル物語のなかにはめ込んだと思われる。その場合、『古事記』と『日本書紀』では対応がまったく異なるはずである。

『古事記』は、既によく知られたように、稗田阿礼によって暗誦された伝承を太安万呂に記録させたものといわれ、編纂期間の短さもあり、特定の意図にもとづく取捨選択は、前述したようなケースを除いては、あまりなかったといっていいのではないか。上巻の神代の記述の雄大にして巧に構成された美しさに魅力があり、中下巻の古代人の開放的生きざまが赤裸々に、しかも素朴自然に叙述されたすぐれた文学書となった。タケルの東征物語はその典型ともいえる。その主たる舞台は尾張で、当然、尾張やオワリ氏の記述は多い。

しかし、『日本書紀』は国家大事業としての正史の編纂である。『古事記』の暗誦された貴重な旧辞の記録化といったものも多く含むが、そのなかでは、ヤマト王朝の連綿性と正当性を後世にきっちりと残すことを意図すると同時に、編纂時の国家的政治課題を遂行するための方向づけに係わる記述も要請されたに違いない。

その開始に当たって、「帝記および上古の諸事」のしるしを定めるという詔が、諸皇子、重臣らを大極殿に集めて、発せられるほどの重々しさをもっていた。それは天武十年（六七八）三月であるが、天武没後の持統五年（六九〇）になってやっと、目に見えて実行に移されるようになり、これまでの帝紀・旧辞以外に、十八の大氏族の家系記録の上進まで求めている。おそらくその後、他の氏への求めも広げられていったに違いない。、その編纂が終わるのは、『古事記』に遅れること八年余の養老四年（七二〇）であり、両書の齟齬を取り除く調整などはおそらく十分にはなかったであろう。持統、文武、元明の新たな政治志向をもりこみつつ、先の編纂課題を纏《まと》め上げるには、あまりにも短期間であったともいえる。部分的には同じ性格をもつ『古事記』との記述の違いが多く残されたのも当然であるが、その違いは、むしろ『書紀』の記述意図を浮き彫りにしている可能性を持つもので、両者の比較は重要である。違いのあげつらいや詮索ではなく、記述意図の明確化に大きな意味がある。それと同時に、『古事記』にはない時代の歴史志向を『書紀』のなかから発見するという大事な課題も忘れてはならない。

尾張の物語ともいうべきタケルの東征部分に限っていえば、尾張、とくにミヤスに関わる記述は、意識的ともいえるほど消されている。タケルをヤマトの太子とするためには当然のことであろう。しかし、そうした『書紀』の尾張記述の抑制にもかかわらず、『日本書紀』の記述はヤマトによるオワリ氏の位置づけを決定的に高めた。「草薙剣」という、皇統に直接かかわるとされる神器を最終的に熱田に返還し奉置したことは、決定的である。これで三百年前と同じく、ヤマトはオワリをしっかりと抱えこんだのである。

東征についての『古事記』との記述の違いは、東国、そしてなかんずく「蝦夷地」の新開発の強調である。遠征の先は、地の果てを意味する日高見国に達する。さらに、その東国・「蝦夷地」開発の前線基地として重要な信濃や越後を、まだ十分従わない国として、その再編を求めている。『古事記』で相模の焼遺《やいづ》の戦いが、『書紀』では駿河の焼津《やいづ》とされたことにも、同様な意味があるのかもしれない。「あづま」の平定どころか、都により近い駿河さえも決して安定ではないことの暗示ではないか。

そうしたこととはまったく関係はないが、東征を記述する『書紀』に、もう一つ興味あるエピソードがある。よわい百歳の大王景行がタケルの不運な死を悼み、彼が征服した国を巡検した。「淡水門《あわのみなと》」（おそらく安房の海辺）で、奇鳥の覚賀鳥《かくかのとり》の鳴き声を聞き、大王がその鳥を見たいと海に入られたという部分である。それは、タケイナダ（ネ）ヒコがタケルに同行し、帰路駿河の海で、覚賀鳥を追って、水死したと尾張の文書が伝える故事を、ここに収録したように思う。そうした形ででも、オワリ氏の伝承を書き残したところに、『書紀』編者のこだわりと気配りが感じられてならない。

その『書紀』が編を終えたのは、養老四年（七二〇）、すでに律令もなり、それを基としながら新たな天皇政権が順調に出発し、『書紀』が重視した東国政策も着々と進められていた時期である。しかし、記紀の編纂終了に先立って、その政策はもっと早くから準備され、着手されていた。それは天武の最末期、信濃に都をつくろうとして、実地の調査が始まったときだが、それは、皇后の思いでもあったに違いない。時代を読み、先を見据えるに敏な彼女のすぐれた政治の発想が天武を動かしたかもしれない。そのすぐ後、不幸な大津皇子事件が起こり、陰謀の首謀者との風評のなか、持統は苦しい時を耐えねばならなかったが、抜群の実行力、決断力でそれを乗り越えた。そうしたなかでも、たまたま遭遇したオワリ氏との接触の機会を逃すことなく、積極的に関係の強化を試みた。『熱田宮旧記』によれば、「草薙剣」還座に際して、持統が主導する朝廷は、熱田社に一万八千町歩という広大な土地を寄進している。持統の治世では、オワリ氏への叙位褒賞も手厚くおこなわれ、ミヤス媛を祀る氷上姉子《ひかみあねご》社にまで土地寄進というきめ細かな配慮さえあった。これらは、「草薙剣」にからむ変事への「詫び」というよりは、東国進出に際してのオワリ氏の重要さを踏まえて、先をみた特別の「配慮」と考えるべきであろう。次章の「参河行幸」もそれにつながる行動だったに違いない。

そしてそれらの結果が、冒頭の教科書体で書かれた、「蝦夷地」開発への尾張の参加をもたらしたというのが本書の筋書きである。

なぜ草薙剣が尾張に置かれたかを東アジアの範囲で考える

子供時代を、熱田の杜にいくらか近いところで過ごした私は、そこに宝剣が安置されているという話に、漠然と誇らしいものを感じていた。が、小学校を終えて、中学（旧制）にはいり、その歴史の授業のあと、ふと「大和朝廷は、どうして草薙剣を、元の伊勢に戻させなかったのか」と思い、不思議でならなかった記憶がある。本書ではそんな古い疑問を、とくに天武・持統期については、解いたつもりだが、さらに遡ったヤマトタケルの時代については、突き詰めなかった。ヤマト政権が倭国の中で他の豪族に凌駕して勢力を増していく過程を、東アジアの古代史のなかで検討することで、それを成し遂げられるのではないかと思う。今の私のもつ半端な知識をつないで、素描してみたい。

三〜四世紀、倭国（いわゆる大八州）の中でヤマト地方の諸豪族が連合集団を形成していく時代、東アジアで圧倒的な勢力が中国の王朝であったことはいうまでもない。その直接の影響を受けて、朝鮮半島の諸国も進んだ文明に刺激されて、強大化するが、とりわけ倭国の諸勢力に影響を与

出雲の国曳き　古代の「国曳き」神話は、一般には領土拡張と読まれている。しかし曳きよせられた４つの他国の地片のうち１つは新羅の余り地で、鉄。１つは高志（新潟県）でヒスイ。出雲はこの２つの交易の中継地だったと読むべきではないか。絵は戦前の文部省小学国語読本（３年生）より転載。

えたのは、地理的にも近い三韓（馬韓、弁韓、辰韓）のうちの弁韓の地の狗邪国であった。洛東江《ナクドンガン》の河口右岸に成立したこの国は、豊富な鉄素材をもち、周辺地域に移出したが、倭国では、距離の近い北九州勢力が独占することで勢力を増した。後塵を拝したヤマト勢力は、それに強い関心をもったのはいうまでもない。記紀神話で、天孫がはじめに大和ではなく、九州に降臨したのは、それを物語るのではないかとさえ思える。当然、彼等も鉄の独自流入ルートづくりに力を注ぐ。その最大の努力は、同じく狗邪国に比較的近い出雲勢力のとり込みの成功となって実現する。ヤマト勢力に加えられた出雲の強みは、距離もさることながら、鉄と有利に交換できる貴重な翡《ひ》翠《すい》を確保していたことにあった。百済の武寧王の陵墓の発掘で知られ著名になった、豪華な王冠に飾られていた玉石ヒスイに象徴されるように、古代朝鮮の王侯の権威のしるしとして、その加工品の需要は大きかったが、そのほとんど唯一の産地は倭国の高志《こし》（越：新潟県の姫川流域の頚城《くびき》地方）で、記紀神話が語るように、大国主命は高志の沼河媛との求愛競争の勝者である。出雲風土記に出てくる四度にわたる国曳きのうち、一つは新羅の余り地、また一つは高志の余り地であり、出雲を介した鉄とヒスイの交換の事実を物語っているようである。かくて、ヤマトはツクシを凌駕していくことになった。

弁韓の地では、あらたに加耶が強大化し、より大量の鉄の交易が続く。ヤマト勢力は、それを独占し、倭国内での勢力拡張のための有力手段としていった。その勢力圏の拡大は、鉄需要を増し、鉄独占獲得の必要手段ともなる。その拡大の対象範囲は当然に、東国である。強力な武器ともなり、拡がる水田農耕の効率を高める道具ともなる鉄の需要は高く、地方豪族たちは多くヤマト勢力に加わる。その拡大とともに、ヤマト豪族の権威も高まり、倭国内での支配的地位が確立する。そのことはまた、中国の進んだ文化の影響を受けた先進文化地朝鮮古代の国々との間に、新たな関係をもたらすことになる。それは、ヤマト政権の軍事力である。弁韓の地で統一の遅れた加耶は、それが早かった馬韓の百済、辰韓の新羅との争いのなかでの軍事的劣勢を、ヤマト勢力が提供するの軍事力の救援で挽回する試みが始まる。鉄の交易のために、ヒスイとともに、軍事労力に従事する大量の人力の提供が加わる。海を越えての過酷な軍事労働の担い手を確保するためには、倭国内ではこれまでのような、有利さを求めての比較的緩い豪族連合から、強制指揮権を持つ、中央政権の確立が必要となる。新たに政治連合に加わった東国では、この推移にともなう権力の再編が求められねばならなくなる。ヤマトタケル物語が生まれる背景である。

尾張の地に草薙剣を祀ったのは、東国への政治的支配をきびしく貫徹し、持続するためにおこなった大和政権の積極的措置を表明するためであった。草薙剣は、新羅から出雲入りし、根の国を支配するスサノオがその地の荒ぶる神からえたムラクモを生起させる霊剣であり、その後高天原の日の神アマテラスに献じられ、再び地上にもたらされた大八州の正当支配者たることを示す神聖な剣である。それを、東国のかなめとなる尾張に配することは、東国諸勢力への強い圧力となることが、きっちりと意図されてた配置に違いない。さらに加えて、尾張氏自体がもつ不毛荒地開拓の豊かな経験と高い技術にたいする東国諸国の信頼が加わるのではないか。『古事記』にはないが、ヤマト政権のより権力的意図を書きしるした『日本書紀』のなかで、天孫にきわめて近い関係をもつ火明命を祖とするように系図化された尾張氏は、その権威も加えて、東国に独自の影響力を広げている。新潟県蒲原の弥彦神社に伝わる天香具山命の話はともかく、長野市の尾張部の名称が現在し、また古代上野（群馬）に尾張の地名が確認できることから、そうした想定は充分できる。

強大化したヤマト政権の対外軍事力による進出（援助か）は、広開土王（好太王）碑文にあるように、時により新羅、高句麗を打ち破るほどの成果もあり、任那府がつくられ、現地での調整や指導のための役人が派遣されるほどの実効をあげたが、加耶自体の統一、強化はならず、両隣国の軍事的圧迫を避けえずして衰退し、六世紀には新羅に滅ぼされるが、ヤマト政権は新羅、百済両国との交流を続け、とくに中国（南朝の宋）との関係強化をめざして百済との接触を強化していった。百済は朝鮮（対馬）海峡に面した蟾津江《スムジンガン》河口部の支配権をえて、ヤマト政権との間の盛んな人的交流をもった。百済の王族が倭国内で成人し、倭国独自と考えられてきた前方後円墳が全羅南道で集中的に築かれるほどの親密な関係である。そこはまた、倭五王による宋との直接の接触のルートともなり、ヤマト政権は東アジアでの政治的地位の向上を図ったが、百済をも含む倭・朝鮮域にわたる大将軍称号はえられなかった。しかし友好百済を通じての進んだ大陸文化は、ヤマト政権の地位をいやがうえにも向上させた。尾張への草薙剣の奉置は、こうした歴史をつくりだすのに背後で大きな意味を持ったのである。

韓国の前方後円墳　ヤマト王権の象徴ともいわれている前方後円墳が、韓国全羅道の十数カ所で確認されている。写真は全羅南道咸平（ハンピョン）の長鼓山（チャンコサン）古墳。ツアー参加の著者が写す。

草薙剣が諸豪族連合のなかの大王の神霊を帯びた聖剣として果たす役割は、天皇への権力の絶対化という天智、天武の時代にはいくらか色あせたものに変わったようにも思える。しかし、その時代がとりくまねばならなかった「蝦夷地」の内国化という更なる東国の課題のための尾張の重要性を認識した持統の現実的判断により、宝剣の改めての奉置となったのだが、そのことと、それがもたらした、とりわけ「蝦夷地」との関係、そしてさらにアイヌとの関係の歴史を、日本の歴史学はまだ充分解明しきっていないのではなかろうか。しかし東アジアの中で古代の日本をとらえようという気運は高まっているように思える。

第2章

持統太上皇の参河巡行の謎

「甲辰（十日）太上天皇幸参河国。」十月。………「戊子（二十五日）車駕至自参河。」十一月。『続日本紀』（文武天皇…大宝二年）

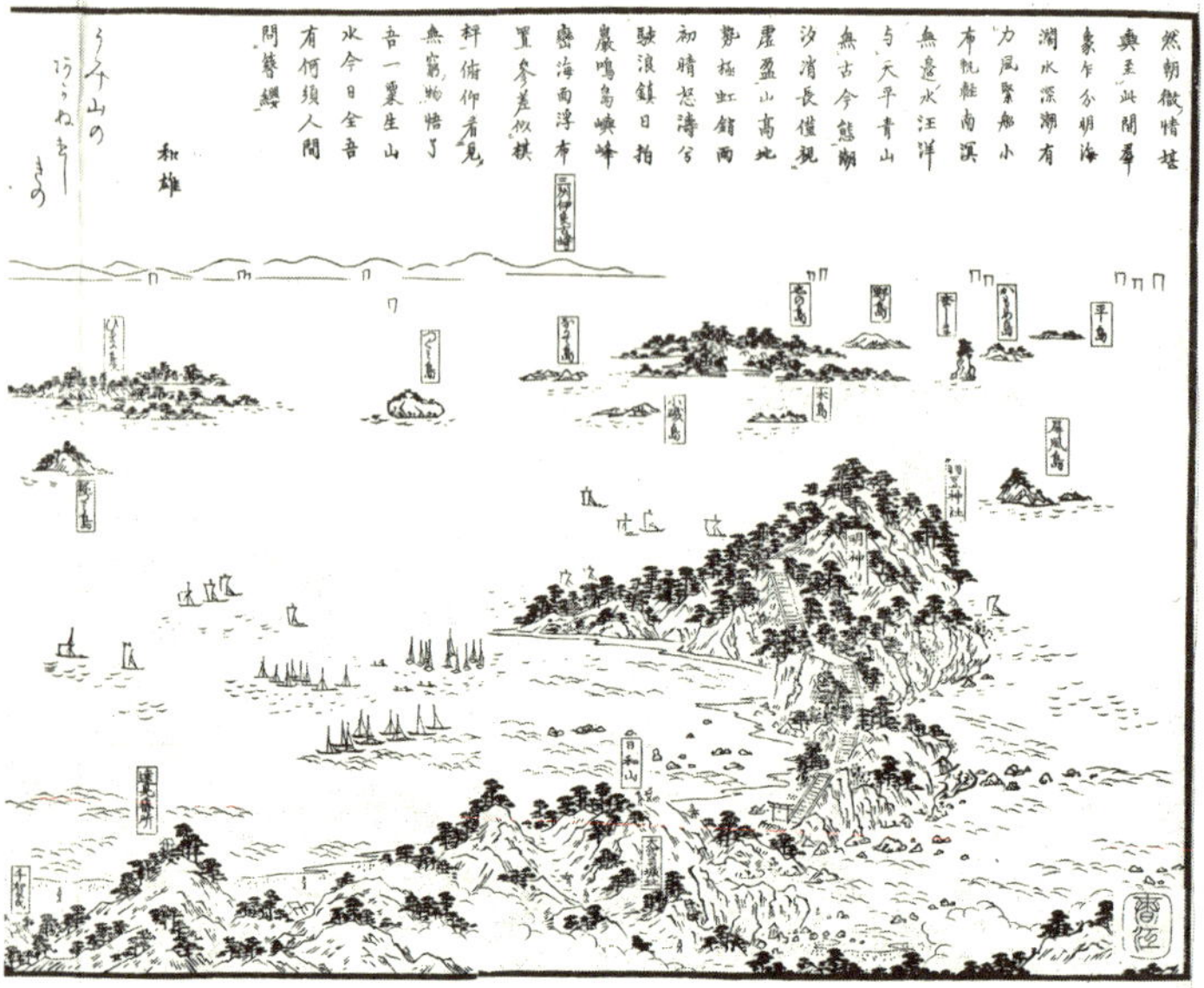

「尾張名所図会」より

大宝二年（七〇二）の十月十日、すでに退位して五年を経た持統太上天皇は、生涯の旅のなかで、もっとも長い、もっとも遠い参河（三河）への巡幸のために、京の飛鳥を出発。そして、十一月二十五日、飛鳥の都に帰還した。この間実に四十五日におよび、齢《よわい》すでに五十八歳の太上皇にとっては、きわめてきつい日々であったのであろうか、帰京後わずか一月も経ずして、崩御された。まさに死に直接つながった巡旅であった。この最晩年の、体力的にはまったく無

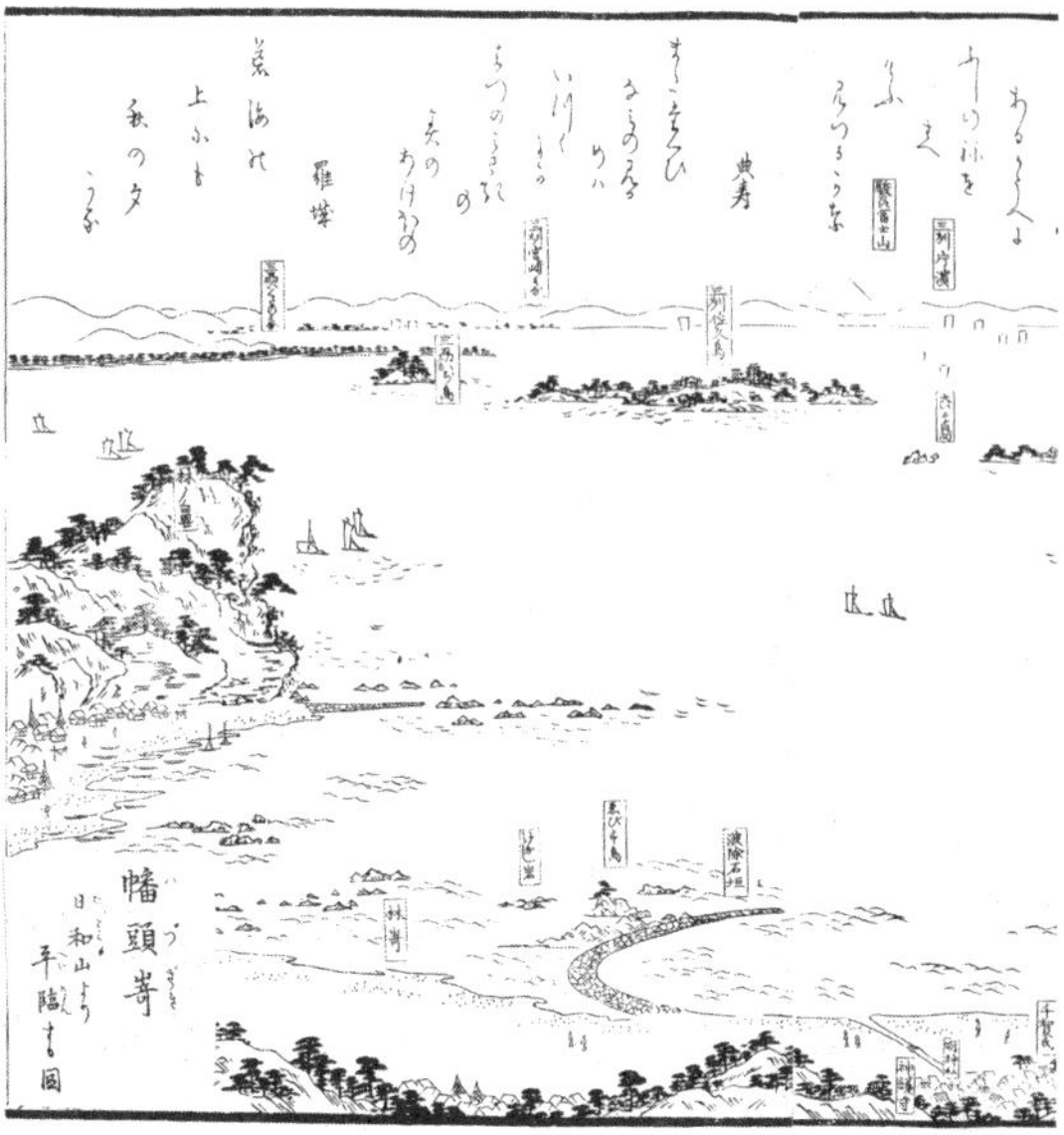

知多半島の先端近くの山上より眺望した三河湾の大パノラマ。近くに羽豆神社を、そして海を隔てて遥かに幡豆神社の 三州宮崎はな の文字が見える。本文では三河の幡豆と区別するために現代の地図と同じく羽豆崎としている。

理ともいえる時期になされた旅とはなんであったのか、それほどまでに無理をした旅の目的は何であったのか、歴史書は何も語っていない。直木幸次郎は著作『持統天皇』のなかで、「ひたすら天武のおもかげを求めて、四十五日の旅をつづけた」と書いている。が、はたしてそうであろうか。参河国が壬申の乱とは関係がなかった、とまではいわないが、天武のおもかげをそこに求めなければならないほどの深いかかわりをもっていたとは考えにくい。そこに理由不明の二十日余という旅の半分以上の時間を費やしているのである。すでに高市皇太子の死後、もっとも直系の軽皇子に位を譲り、大宝の律令も成り、順調にみえる新政権が始まっていたこの時期ではあったが、太上帝をこの異常ともいえる旅へと突き動かすなにものかがあったのであろうか？『日本古代政治史の研究』で、北山茂夫は「胸中何か安んじないものがあったのであろうか。わたくしには、彼女の行動に異常を強く感じるだけに、その謎を十分に解けないのは、もどかしい」と語っている。これら著名な古代史の専門研究者ですら十分に解けない謎に、素人の私がとりくんでみたいというのは、いかにも無謀かもしれない。しかし、嘲笑さえ怖れないならば、極めて魅力ある謎解きのテーマではある。

持統帝の頻繁な出遊は、あまりにも有名である。『日本書紀』や『続日本紀』に拠ってそれをまとめた北山茂夫の作表によれば、帝位にあった十一年の間に四十六回を数える。うち吉野の御所には三分の二の三十一回で、ほかにも飛鳥の地が数多くあり、他国への出御は紀伊、伊勢の各一度ずつに過ぎない。そして譲位後三年間、ぷっつりとやめていた旅が、残る生涯の二年になってふたたび始まり、一度は吉野だが、あとは、紀伊に三十二日、そして参河に四十五日と続けられる。ここで参河の巡遊の異常さが浮き彫りとなる。

異常に多い吉野への御幸については、とりたてて問題とすることはないのではないか。北山茂夫が指摘するように、多忙な政務から逃れるための短期間の山間清遊地への逃避とか、夫であった故天武とのゆかりの地だったとか以外に、特別な理由は考えられない。ただ、天武亡きあと、夫天武と共同して求めてきた天皇の絶対的権威の確立という政治の体制づくりは、異常に厳しい日常の政務を余儀なくさせたはずで、単なる清遊といった類のもの以上のなにかがあったかもしれない。長期にわたる政権の行く末に、己の思いをはせる貴重な時だったかもしれない。

ここでは、謎解きへの手がかりを探し出すために、持統六（六九一）年三月の伊勢巡行、退位後の大宝元年（七〇一）九月の紀伊巡行を検討し、そのなかから、最後の参河巡行の手がかりを探ってみたい。

伊勢・紀伊巡旅

まず最初の伊勢巡行については、その実行に関わって、稀有な事件が発生したことで歴史上有名であり、なにがしかの検討が古代史家によってなされている。それを簡単に紹介しておこう。この巡行は、まだ天皇在位中で、治世中の最大の課題であった新たな都、藤原宮の建造が始まる直前で、旅の目的はその決意を諸国に示し、支持をうることにあったのではないかということで見解はほぼ一致している。この巡行計画に、壬申の功労者で、中納言の要職に抜擢されていた大三輪朝臣高市麻呂が、地方の農事の妨げとなるとの理由で反対した。それでも計画が強行されることになった直前、大三輪朝臣はかぶりものを脱ぎ、まさに官位を賭して、重ねて反対した。旅の出発は三日遅らされたが、そのまま強行された。天皇持統の決断力、実行力の強さを物語る事件である。

この高市麻呂の行為については相反した二つの見方がある。一つは直木孝次郎のもので、彼大三輪は、古い大和の中小豪族で、巨大豪族勢力を排しながらも、土着の中小豪族に依拠し、その古い力を認めつつ朝廷の役人として重用した天武とは違って、より理知的で、土着性を軽く見て、絶対的権力者たる天皇を支える官僚としての能力を重視する持統への批判があり、そのこととも関係する藤原京の造営に消極的だったためで、総じて旧守派の代表としての行為とする見方である。もう一つは北山茂夫のもので、絶対的権力者の天皇の命にもかかわらず、それが民の不幸をもたらすものであるならば、自らを犠牲にしてでも反対するという儒教思想を持った新しい型の律令的官僚としての行為で、共同体的な関係に依拠せず、新たな王道観の生成の現れであるとする見方である。おそらくはどちらにも一面の真理はあり、一方だけに賛成すべきではないように思うが、飛鳥浄御原令《あすかのきよみはらりょう》という、まだ本格的とはいえない令の整備でしかなく、令制はやっと始まったばかりの時期であることを考えれば、むしろ前者に近かったのではないか、と私には思える。

もしこの巡行が伊勢ではなく、たとえば紀伊だったとしたら、それでも大三輪朝臣は反対したであろうかと問うてみて、伊勢だからの抵抗だったかも……という大和の中小豪族の出自者としての三輪朝臣の一面が頭をかすめる。伊勢はいうまでもなく天皇氏の遠き祖先と伝えられるアマテラスの鎮座する土地で、そこへの行幸はその権威をさらに高め、共同してヤマト政権をつくってきた大和の諸豪族の祖先の地位を貶《おとし》めるものとなり、それはまた自分たちの地位の低下を意味するという土着豪族としての古き考え方である。天武紀では、即位後大来皇女《おほくのひめみこ》を斎宮に送っただけの記事しか見られないが、それと比べて、天皇のじかの伊勢訪問には、大きな抵抗を感じる廷臣も少なくなかったのではないか。

しかし、それだからこそ天皇持統は伊勢行きに固執したのではないか、と思う。この持統の立場には、一面で律令整備による新時代の官僚組織づくりを進めながらも、その上に絶対的な権力者として立つための、根底的には古いシャーマニズム的な支配者として君臨しなければならないもう一面との葛藤があるとする北山の指摘によって、見事に描かれている。アマテラスの地位の高まりは、後者の立場を貫くことであり、そのことは、当然もう一面の新官僚形成への動向とは対立せざるを得ないわけである。

ともかく、伊勢巡行は三日の遅れで実行された。天皇の権力の大きさを示威するために、鳳駕に付き従う従者の列は豪華だったに違いない。とくに壬申の乱のとき以来強い武力の象徴ともなった騎馬兵士が、近江、美濃、尾張、参河、さらに遠江からも集められていたことに注目したい。ただ、ここに、最大の騎馬の産地で、壬申の乱でも活躍があったと『長野県史』が伝えている信濃からの参加がみられないことに、いくらかの引っ掛かりを感じる。『県史』がいうほどの信濃騎士の活躍はなかったのかもしれない。それは、以下の章の謎解きにおいて検討することにしよう。巡旅中、伊勢神宮領である神郡をはじめ、伊賀、伊勢、志摩各国の国・郡吏らへの褒賞をはじめとした広い民への施しで、皇威を高めるという伊勢巡行の目的は達せられた。伊勢大神の要求で、この年の伊勢国の調や役が免除されることになるなど、伊勢の権威は高まり、その後裔としての天皇の朝廷での権力もいちだんと強められたのである。

大宝元年（七〇一）の紀伊巡行については、『続日本紀』が短く行幸の事実を書き記しているだけである。ただ幸い、随伴者には柿本人麻呂や山上憶良ら歌人が加わっており、『万葉集』巻第九に、ほとんど一まとめに、この折にささげられた歌が、短い説明文とともに載せられていてそれから巡行の状況は把握できる。それについて、北山茂夫が歴史書にはめずらしく（?!）美文で述べているので、ぜひ引用して紹介したい。

「……七百一年（大宝元）九月には三十二日にもおよぶ紀伊の国への再度の巡狩を行い、車駕は遠く紀南の武漏《むろ》湯にも達するものであった。宮廷詩人　人麻呂も、供奉《ぐぶ》の一行に加えられたらしく、……紀南の古い湯を目指した女帝の心に、衰えたおのれの健康への顧慮があったのか、それとも父天智と祖母斎明の曾遊を回想してのことであったのだろうか。牟婁《むろ》への往来は、あの有名な有馬皇子の事件を、その哀史を印した地においてまざまざと追走させたにちがいない。……」。

万葉にはそんな状況を髣髴《ほうふつ》とさせる歌が、たしかに残されている。追憶と保養という旅の目的が確かにあったであろう。しかし、私には一つの疑問と、見逃されてはならない別のことがらがあることもつけ加えたい。

一つの疑問とは、万葉集巻第九の「紀伊国に幸す時の歌十三首」の説明題字の冒頭に、「大宝元年辛丑の冬、太上天皇大行天皇……」とあることである。注記には、太上天皇は持統天皇、大行天皇は文武天皇をさすとあり、巡行は両天皇の御幸であった。そして『続日本紀』は天皇文武の行幸の記載がない。無知をさらけ出すようだが、吉川弘文館の『国史大系２　続日本紀』では、「九月丁亥…天皇幸紀伊国」で、注に「…印紀略此上有太上二字……」とあり、気にはなるが、こと考証にたいしては厳密な錚々《そうそう》たる古代史の大家がそれについて何も触れられていないということは、すでに確たる定説だからであろう。万葉のような文学書の中ならまだしも、天皇事蹟をなにをおいてもまず最優先に記述するはずの基本的な国史書である『続日本紀』にあっても、こうした記述の仕方があるのかと、しばし素人の腑には落ちかねた記述である。天皇の絶対性が形成されつつあるこの時期の記述の序列として、これが通常なのか、文武天皇の公式の即位以前のためか、また長幼の序に従うということであるのか、いずれかであっても、時の政治の実権は、まだまだ持統天皇にあったということであろう。

もう一つ、追加したいというのは、随伴の歌人たちは歌っていないのだが、この巡行に際して、紀伊大神（国懸大社）への祭祀がなされたか否かであるが、行路の途中にあることからいって、あったことは間違いないと思う。同社は先の藤原京建設に先立つ地鎮祭に当たって、伊勢、大倭（大国魂社）、住吉、と並んで奉祀をささげられ、またさらに先の天武帝の治癒祈願に、飛鳥社、住吉社とともに幣をささげられた、天皇氏にとっての重要な祖神に関わる神社である。神代伝説では、天の岩屋の説話にも登場する神が祀られて、とりわけ持統帝の信仰が篤かったと思われる。ここへの祭祀、さらにこの紀伊への巡行全体が、強い持統の意思で、まだ若く、天皇《あまつひつぎ》の重さも苦難の事績も、さらにはわずか五十年を先立つに過ぎない有馬皇子の悲劇も実感できない同行の孫・文武にたいする帝王教育の機会とも考えたのかもしれない。いずれにしても、過去への追憶だけでなく、これから後の治世の行く末に強い思いをめぐらす持統の最晩年を示す旅であったと思いたい。この思いこそが、つづく参河行幸の大きな動機となると考えるからである。

参河巡行の目的

以上の二つの旅を念頭にしながら、最後の参河巡行について検討することにする。それが、退位して気軽になった女帝が、単なる懐かしさを求めての回想の旅でなかったことは、先だつ二つの巡行の検討で明らかであろう。この巡行が謎だといわれるのは、参河での滞在期間が異常に長く、しかもその理由の記述がまったく不明なためである。今、万葉の研究家、川口常孝が、この御幸に従駕した高市黒人が巡行中に詠んだと思われる歌を辿りながらつくった表を見ると、(『万葉作家の世界』、桜楓社刊、昭四六)、十月十日　出発、二十日以後?~十一月十二日参河、十一月十三日~十六日　尾張、同十七日~二十一日　美濃、同二十二日~二十三日　伊勢、同二十三日~二十四日　伊賀、そして二十五日帰都となっている。尾張と美濃では、国司や地方豪族への叙位、恩賞の記事があり、すでに先の伊勢巡行のときにそれが終わっている伊勢、伊賀を含めて、順当であり、疑義をさしはさむ余地はない。これに対して、記事のまった

幡豆神社。海の見える宮崎鼻に気品高く座す

くない参河での、少なくとも二十三日間の滞在は何であったのかの疑問が、あらためて鮮明となる。

静岡県に関係した古代史の研究業績も多い原秀三郎は、その著『地域と王権の古代史学』のなかで、この問題を取上げ、参河滞在期間とされる時期の多くが遠江訪問ではなかったかという主張をしている。従駕詩人の高市黒人と長忌寸意吉麻呂《ながのいみきおきまろ》二人の歌が、遠江の地名を読み込んでいると解釈されなくもないことで、それを根拠づけている。しかし黒人の歌のなかの地名「安礼の崎」を浜名湖に面した「新居」とする説に対して、むしろ参河の宝飯《ほい》郡御津《みと》との有力な説があり、また、意吉麻呂の歌中にある「引馬野」は浜松北部の曳馬ではなく、やはり参河御津の御馬《おむま》の地であるとする考えが支配的であるなど、いずれも旅が遠江に及んだのではないかという見解には分があるとは思われない。「参河行幸」と明記されていることから、文字どうり理解すべきではなかろうか。とすれば、目的の記述を欠く長期間の参河滞在は何であったのか。

私が若干の地元の歴史地誌を探りつつ整理してえた結論は、幡豆《はず》郡吉良《きら》町にある「幡豆《はず》神社（巡行当時は建稲種彦の埋葬地）」への弔問を目的とした参河御幸であり、さらに続くオワリ氏の社である熱田社への祭祀も含めて、ヤマト政権の今後の新たな東国経営へのオワリ氏の積極的役割を引き出すための強い働きかけが目的だったのではないかということである。

まず、オワリ氏の祖とされる乎止与命《オトヨノミコト》の子建稲種彦《タケイナダ（ネ）ヒコ》は、尾張の古い伝承によれば、ヤマトタケルの東征に幡頭《はたがしら》（＝副大将）として加わった。その帰途、陸の道を辿ったタケルと分かれて海路尾張に向かう途中、駿河の海で事故にあい、溺死した。その遺体が幡豆の宮崎海岸に流れついたのを里人たちが引き上げ、海の見える宮崎鼻の中腹に埋葬した。タケルがそのことを知らせる尾張の家来たちと美濃・尾張境の内津《うつつ》峠の宮で会い、悲しみで食事ものどを通らず、「うつつなれや、うつつなれや」と嘆いたということである。伝承であるから理に合わぬなどと問題にすることではないが、駿河の海で溺死した遺体が、黒潮の海流に逆らって、西の、しかも三河湾内の宮崎海岸にたどり着くはずは、まずない。残された家来が遺体を船で運んだはずで、そうだとすれば、尾張の氏族の館だったに違いない。とすれば、村人が幡豆の礒泊《しはつ》（宮崎海岸に続く矢作古河の河口部）にひき揚げ、葬ったというのはなになのか。それはともかく、首長を失ったオワリ氏の嘆きと、打撃は大きかったに違いない。おそらく彼は、大王景行の命での戦に加わったのであろうが、記紀にはそれについての記述は何一つない。尾張の説話になにがしかの事実があったとすれば、かりにも大王の命じた東征で、副将（幡頭）の役を果たした大氏族の長であったのだから、不慮とはいえ死亡したことへの言及がないことに、いささかひっかかりを感じる。今、記紀で伝えられるヤマトタケルの英雄伝説では、その後まもなく大将のヤマトタケルも悲劇的に死んでいるのではあるが、それを嘆き悲しむ大和のミヤコ人について、くわしく書き連ねていることとの扱いの差はいかにも大きい。すべてが過去の出来事についての「伝承」のこととはいえ、そうした記述がなされた記紀編纂の時代では、そうせざるをえないヤマトとオワリの関係があったのであろうか。

壬申の乱に勝利した天武天皇は、それまでにも増して東国・「蝦夷地」を含む全国統治の夢の実現に大きな自信をもったに違いない。それを証する一行が、天武紀にある。群臣を集め、新たな治世の始まりを祝う大宴が天武五年正月にもたれたが、同じその月に、「凡そ国司を任《ま》けむことは畿内及び陸奥、長門を除きて、以外は皆大山位より以下の人を任けよ」と令したことが記されている。大山位はここで六位とのことで、三地域の国司は、かなりの高官である。中央の安定のための足元の畿内はもちろんだが、おそらくは新たに朝鮮半島を支配した新羅国との関係重視の拠点となる長門と並んで、陸奥を挙げているのは、注目に値する。「蝦夷」平定の難しさもあろうが、北の果ての地を「日高見国」と呼んだ当時の陸奥の富へのあこがれと尊厳を交えた感情を反映したものであろう。

しかし、現実にはほとんど大和から西国に目を向けざるを得ない国のうちそとの状況が続いた。だから、天皇天武はとりわけその在位中の前半は、畿内と、それより西のクニグニにより強く目を配り、尾張も含む東国を軽視せざるをえなかったようである。壬申の乱で、尾張国司の小子部連鉏鉤《ちいさこべのむらじひさち》は二万の兵を大海人陣営によせた。福岡猛志氏によれば、この数はいくぶんかは割り引かねばならないが、それでも万におよぶ数はあった。戦の始まりのこの時期に、これほどの人数を集めえたことは、急遽駆り集められた農民兵が大多数だったとしても、驚異的である。そのとき、不破の関を固めた大海人軍の美濃の兵は三千と書かれており、もし尾張国司が近江朝廷の命で参加しようとしていたならば、関の囲いを破ることは可能だったに違いない。それをせずに尾張軍が大海人陣営に加わったことは、はじめから大海人への参加を目指していたのか、あるいは尾張軍の指揮者の多くが大海人に加わるべしと判断したのか、いずれにしても、この大軍とその行動は、オワリ氏の強い意向なくしてはありえなかったに違いない。あるいは、そのことが壬申の乱の帰趨を決したともいえる。尾張国司は乱終結の後に自殺しており、ことの真相は明らかではないが、それ以外にも、不破の関近くの家宅を行宮《あんぐう》として提供するなど、多大な支援を惜しまなかったオワリ氏の大海人支持のもつ意味はきわめて大きかった。しかし、その恩賞は、他と比べてやや均を欠く嫌いはなかったか。オワリ氏への恩賞はきわめて儀礼、形式的で、美濃軍を指揮した美濃ヤマトの中小豪族の首長たちへの扱いとは画然とした差があった。

それが一挙に変わったのは、天武晩年の「信濃遷都」の動き、さらにとくに、崩御の三ヶ月前、病に倒れた天武を卜した結果、草薙剣の祟りだと分かって、即日剣を尾張に返したと記述されたときからである。この『書紀』の草薙宝剣返還の話は、たしかに奇妙である。記紀のヤマトタケル伝説では、剣は尾張のミヤス媛の手元に残され、熱田の社に置かれていた。それが宮中にもどるについて『書紀』は、天智七年、新羅の沙門《ほうし》が盗み出したのを途中でとらえて、宮中に戻したという奇妙な話を取り入れることで、ツジツマあわせをしている。

ところで、この尾張への草薙剣の再返還は、病で判断不能の天武のそれのはずはない。指示はもちろん皇后鸕野《うの》（持統）であろう。『熱田宮旧記』によれば、剣は官符一通と共に届けられているが、その勅使は時の重臣の中納言源朝臣葛之で、くわえて、一萬八千町歩という広大な土地が神領として寄付されている。これは「於美濃、、尾張、参河三カ国」と書かれており、三カ国内の熱田関連の社などを合わせたもののようであるが、確かに広大である。草薙剣の扱いで尾張のカブは大いに上がることになったに違いない。天武を継いで即位した持統女帝はその四年、ミヤス媛を祀る氷上神社に新たな宮地として、二百余町歩を寄進している。さらに加えて、持統十年には、尾張宿禰大隅にたいして、直広肆の位を与え、ほかに水田四十町歩を下賜している。壬申の功に対する追加恩賞以外には考えられない。先の天武の恩賞措置を補うものだったのだろう。持統天皇は、朝廷に上申されていたオワリの氏姓の系譜記録や古事伝承などを読んでいたに違いない。だから、タケル東征の幡頭タケイナダ（ネ）ヒコの事蹟も知っていたと考えられる。そのための重ねがさねの配慮ではあったが、さらに加えてのこのオワリ氏の祖へのより大きな配慮の目的をもって、参河（尾張）巡行が加わることになるのである。

参河巡行の目的を、このようにはっきりと断定できる確たる資料は、残念ながらない。にもかかわらずそう断定するのは、いくつもの断片的な地方の地誌資料が得られ、それらと、中央の史実とがＰ（場所）Ｔ（時）Ｏ（状況）にかかわって、なにがしか収斂されて浮かんでくるイメージにすぎないものかもしれない。だが、それが大局的にいって納得できるものであるという考えから判断したものである。

この地域では宮崎鼻《はな》にある幡豆神社は、文武天皇の時代に都で知られるようになったと伝えられている。また、『吉良町誌』によると、矢作河口の古い港の跡といわれる地区と宮崎海岸の間にある荻原村で、持統天皇に関する口伝が残されている。その要点を『町誌』から必要な部分引用すると、「伊勢国一志郡八太郷にいた小津亮良が、大宝二年六月にこの地に移住した。」「この年、持統天皇が三河国に行幸され、刈谷から御舟にて伊良湖に御航海のときたまたま風が強く海が荒れていたので、この地に御舟を寄せられた。天皇は天気の回復するまで七日間滞留され、その後は航路を変えて、宝飯郡の方へ向かわれた。」というところである。口伝で信じられないところも多々あり、巷間のあと知恵がかなり含まれていることは否定できない。『幡豆町誌』は、おそらくこの口伝を使って、「三河国を目的とせられた天皇の御幸である以上、必ず国府に御駐泊せられるべきことなどから考えると、何らかのご都合で尾張から海路荻原の地に寄られ、陸路四極山を越えて国府に御幸せられたことと思われる」と述べている。口伝のすべてを根拠にしたうえで、参河行幸ならば西の京から東へ向かうはずという後代の陸路感に立った文章であろうが、局地的な情報を利用するときには、こうした「葦の髄から天覗く」的な類推とならない配慮がきびしくなされなければなるまい。しかしこの荻原口伝にでてくる地名は伊勢の部分も含めてすべて確認できる。またこの地方広くで、古代に伊勢からの移住者が多いことも事実であるなどからいって、伝承すべてを「つくりごと」だとまではいえない。これらも含めて判断したのであろうか、平凡社発行の全国歴史地名辞典の『愛知県の地名』のなかの幡頭神社の項の記述では、「伝説によると、日本武尊の蝦夷征伐に同行した建稲種命が帰途、駿河の海上で難破して亡くなり、その遺体がこの宮崎海岸に漂着、浦人がこの地に葬ったという。大宝二年（七〇二）文武天皇代に建稲種命の墳墓ということが確認されてから、この地に社殿を建立したと伝える」と、さらに一歩踏み込んだ記述がなされている。「大宝二年……建稲種命の墳墓と確認」の根拠は知りえない。おそらく推定による判断と思われるが、私もこの踏み込みに賛成したい。おそらく、持統帝も尾張の伝承を知っていて、それを確認させ、墳墓の前で祭祀を行なうことを、はじめから決めていたのだと思う。

タケイナダ（ネ）神はすでに白鳳期に、ここから海上はるかに望める、知多半島の先端の羽《は》豆崎《ずさき》に建立されたと伝えられる羽豆の社に祀られている。伊勢の海を支配的に活動したオワリ氏の祖にふさわしく、そのど真ん中ともいえる知多半島の先端に鎮座し、氏の繁栄と安全を見届けさせるという意味合いが、はっきりと読みとれる位置である。それでありながら、オワリ氏がさらにこの三河の地に同じ神を祀る社を建てようとするにはなにか特別の意図があったであろう。勢力拡大のための建立で、そのためにオワリ氏の依頼がヤマト政権にひそかになされたと、考えられなくもない。進出するオワリ氏への絶大なバックアップとなる。またそうだとすれば、村人の死体埋葬という奇異な伝承の意味も解けようというものである。それはともかく、女帝の参詣にあたっては、遅ればせにも死者へのモガリを擬した祭祀が、短時日ながらも必要であり、その準備も含めて、旅の過半の時日が費やされた。墓前の祭祀にもある程度の日数はとどまることにならざるをえない。三河での先の荻原口伝のなかの、「その地に七日間滞留」の部分は、それを物語っているとおもうと、参河行幸を解く極めて重要なキーかもしれない。荻原の地は当時の矢作川が海に注ぐ河口で、その矢作川の中下流域には、持統帝にかかわる伝説がいくつも散見できる。三河での逗留がこの地域の有力者たちに知れ渡っていたことを示す証しかもしれない。

万葉からみる参河行幸

体力の衰えにもかかわらず、参河─尾張の巡行を決行させなければならないほどの配慮をヤマト政権がオワリ氏に示したのは何故か、その一端は先の章ですでに検討した。ここでは、参河巡行の全貌を再現してみたい。幸い、この旅には二人の万葉歌人が随伴し、歌をよみ、それが万葉集に収録されている。それも参考にしながら、再現作業を進めることにしよう。

歌は、巻一に、天皇らに関わる歌を集めたなか、「(大宝)二年壬寅、太上天皇行幸参河国時歌」の表題で、二首。

引馬野に　にほふ榛原入り乱り　衣にほはせ　旅のしるしに　　長忌寸奥麻呂
何処にか　船泊てすらむ安礼の崎　漕ぎ廻み行きし　棚無し小船　　高市　黒人

歌のおかれた編集の位置からいって、随行歌人としての、無事の到着を寿ぐ公式の歌であろう。

飛鳥の都を出発したのは十月の十日、伊賀、伊勢を経て、船で参河の御津《みと》に着くには、一週間もあれば充分だが、『続日本紀』のこの年の十月十九日の段に、「遣使於伊賀、伊勢、美濃、尾張、参河五国、営造行宮」とある。伊賀、伊勢ではなんの公式行事もなかったにもかかわらず、三河到着は二十日以後であり、伊勢での滞在がやや長かったようだが、参河の行宮造営の都合か、また天候を見ての船出の遅れもありうる。いずれにしても、時間をかけたゆっくりの旅であったろう。奥麻呂の歌が、明るく快適な船旅であったことを示してくれている。それにたいして、黒人は、どこか暗く、想いに沈んでいるのが対照的で、二人の歌人としての特徴がよく現われている。注目したいのは、黒人の歌のなかの「棚無し小船」で、この参河巡行での作と思われる別の歌にも、やはり同じ「棚無し小船」が詠みこまれていることである。太上帝随行の官人は下級の歌人も含めて、棚板をはった巨大な船への乗船であろうが、さかんにその船の周りをこぎまわっている小船の乗り人は警護の兵士たちに違いない。その身分の低いものたちへのやさしい視線が彼の歌には感じられる。たんに暗く沈んでいるのではなく、光のあたらぬものたちへの温かい心よせこそは彼の真骨頂であり、黒人歌の魅力である。

ここから参河国府までの道は、さして遠くない。今の名鉄豊川線の八幡駅近くに国府の官衙《かんが》があったといわれているから、せいぜい二時間の行列に過ぎない。原秀三郎は前掲著で、従駕のなかには伊勢行幸時を上回る騎馬兵士が連なり、前回には参加のなかった信濃からも加わったのではないかと想像しているが、どうであろうか。伊勢行幸の場合は、持統は天皇であり、しかも藤原宮の建設を強くアピールする目的があって、行列は豪華で人目を引かなければならなかったが、参河の場合は、退位した太上天皇であり、しかも主たる目的が、オワリ氏との関係の強化という、きわめて地味で、やや隠微な形で行なわれるべきものであり、豪華なアピールはむしろ避けねばならない旅なのである。

参河の国府での官人たちへの褒賞や叙位は、もちろん他の国々と同じく行なわれたであろうし、隣国の遠江の国司等も招かれて、その列に加わったことは十分に考えられる。その数日間に、時間のゆとりを見て、浜名湖への散策がなされたかもしれない。それに関する歌もないの

御津から国府へ向かう途中宮道山（みやじさん）麓を行く鳳輦想像図　夏目可敬『参河国名所図絵』嘉永４年

で、予想しかねるが、畿内の人々にとって、近つ淡海《ちかつあわうみ》である琵琶湖の風景はなにがしか馴染んでいても、遠つ淡海《とおつあわうみ》の浜名湖については予想もできないわけで、その観賞は大いに魅力があったであろう。

しかし、参河国府の役人にとっては、幡豆の墳墓地での祭祀、その後にとりあえずつくられる社殿の建設のことなどで、てんやわんやではなかっただろうか。先ずはそこに太上天皇以下、高貴な人々が過ごす宿殿の用意が必要であろう。そうした手配が済むまでには、やはり相当な時日を要したのではないか。とすれば、二十日以上におよぶ参河滞在は決して長いものではない。黒人の歌は先のものは別にして、旅の歌八首として万葉集巻三にまとめて掲げらており、かならずしも三河で詠まれたとは限らないし、明らかに他国のものもある。そのなかの「旅にして　物恋きに山下の　赤のそほ船　沖へ漕ぐ見ゆ」の歌は、ここ三河か、あるいは別のときの旅の歌か、の論争があり、確たる結論はないが、三谷あたりの海を見ながらのものかもしれないと、川口常孝はいっている。そこには長引く旅のもの恋しさがにじんでいると感じるものがあるからである。しかし、同じ「黒人八首」のなかに置かれている「妹もわれも　一つなれかも　三河なる　二見の道ゆ別れかねつる」の歌は、明らかに参河のものである。国府での諸務がおわり、明日はいよいよ国府を出発するという夕べの宴で即興で詠んだとされる歌だが、黒人にも、かかる軽妙な作風があるのかと、同席者らは驚き、宴も大きく盛り上がったであろう。

タケイナダ（ネ）ヒコの墳墓地の宮崎鼻は、参河国府からさして遠くはない。ゆっくりと海沿いの道を辿っても、数時間の距離に過ぎない。しかし、私は御津《みと》の港から船での移動だったと思う。黒人の「四極山」の歌が、その根拠となる。

御津を出た船は宮崎海岸を右に見ながら矢作古河の河口を遡り、口伝のある荻原を過ぎて、尾張海部氏の船泊りの一つとなる礒泊《しはつ》の港につく。そこから短い坂道をのぼって、ひろびろとした三河湾とそこに点在する小島を見渡せるところに至るのが、「四極山越え」である。

四極山　うち越え見れば　笠縫の　島漕ぎかくる　棚無し小舟

叙景歌人として知られる黒人の胸の中に、この歌の発想が浮かんだのは、明らかにこの場所であった。この歌については、古来から国学の祖ともいわれる　僧契沖から、賀茂眞渕、本居宣長らも加わって、今に至るまで、どこで詠んだかの論争がある。参河派と難波の住吉派の対立である。叙景歌人として知られた黒人とすれば、参河のここ以外にぴったりとした歌の風景はなかろう。住吉の港からのシハツ道を辿っても、こうした景色はない。そのことは後のエピローグでややくわしく検討し、見解を述べるので、これ以上は触れない。ただ一つだけ指摘しておきたいのは、ここでも「棚無し小舟」が歌いこまれていることとの意味である。もちろん警護の舟で、それが、御津と礒泊の間を海上移動したと断定した私の根拠となった一句である。

ここでの、あまりにも遅れた、いかにも短いオワリ氏の祖への祭祀の儀礼の数日が済めば、参河国での行事はすべて終わりとなり、すぐに尾張国への移動となる。その墳墓の地には、後に幡豆神社が建立された。なお、これは言わずもがなのことだが、オワリ氏の祖の墓（社）が三河に置かれていることになにがしか違和感をもつ読者がいるかもしれない。しかし、オワリ氏は当時いく代も尾張国司を務め、尾張の国と強く結びついてはいたが、その勢力は広く他国にも及び、そこには氏姓を変えた同族も多く居住しており、血縁にもとづくオワリ氏の範囲はオワリの国の地には限られないわけで、なんら違和感がもたれることもなかった。ここはとくに塩の生産、取引きの活発な活動の舞台であった。しかし血縁による共同体的な関係が薄れ、地縁のかかわりがより強く意識されるようになると、「三河にあるオワリ氏の祖を祭る社」への抵抗が出てくる。三河国幡豆郡とは狭い衣浦の海を隔てるだけの知多半島の師崎の最先端の小さな岬である羽豆崎に、鎌倉時代の文和四年（一三五五）、熱田大宮司千秋昌能の手で、羽豆神社が再建された。社伝によればオワリ氏師介は羽豆の地に白鳳年中、祖建稲種彦命を祀り、祭典には勅使が奉幣を行なったと書かれていると、『愛知の地名』に紹介されている。白鳳の祭祀はともかく、勅使の奉幣はいかがか。幡豆神社への対抗上の文言と思われ、尾張の本家はここだと言いたげで、地縁意識がにじみでていておもしろい。

タケイナダ（ネ）の墓前での七日たらずの遅ればせの、そして短い「モガリ」に擬した祭式を済ませて、あとは尾張の熱田への移動となる。伊勢湾の海上移動を日常的にしているオワリ氏が太上天皇の御座船を警護し案内する尾張国への旅がやはり海路であったことは想像にかたくない。知多半島の師崎沖を廻遊する熱田の港へ旅程は、半日で十分である。この間は安全で快適な海上の旅であり、巡行のすべての人々は、今回の目的の大きな課題の一つをなし終えた安堵感も加わって、楽しいものであったろう。黒人とても同じであろうが、彼は師崎沖で見た、大和を思わせる小高い山を海中にそびえさせている島の名を神島と聞き、そのはるかかなたに薄くかすんで見える伊勢の山々とともに、あらためて心にとどめて、歌の思索もおこなったに違いない。一行は、海上から羽豆神社にも弔意を表したであろう。

オワリ氏の本拠の居宅である御殿は、アユチ潟に面した熱田の港に近い千竈（知我麻《ちかま》）にあったと思われる。第二次大戦後まで、熱田神宮のすぐ南の市場町地内にあって、オワリ氏の祖オトヨ命を祀る上知我麻《かみちかま》神社は、その痕跡地であろう。そこからは、はるか南にアユチ潟をへだてて、ミヤス媛を祀る大高の氷上姉子社があり、そこから東に向かっては、潟辺の葦やその先に桜田と呼ばれる田圃をかかえた台地が続いて見える。一方、西のすべては伊勢の海が茫々と広がる。まだ夕方には早い到着で、一行はそんな景色を眺めつつ、オワリ氏の御殿に落ち着かれたことであろう。その翌日は、すぐ隣り合った熱田の社での奉祀がなされたことは間違いない。草薙剣をめぐって、十数年のわだかまりのつづいた持統太上皇とオワリ氏の関係は、この祭祀ですっきりと清算されただけでなく、新たな大和政権とオワリ氏の関係がつくられたに違いない。すこし後の話だが、持統太上皇の死後ほぼ十年あまりの和銅元年（七〇八）に、オワリ氏が「草薙剣」を祀るために新たに八剣宮《はっけんぐう》と名づけられた社殿をつくり、時の左大臣多治比真人池守を勅使として迎え、遷座の式をおこなったのは、それを象徴するものであろうが、その社は千竈のオワリ氏御殿と熱田宮の本殿のちょうど中間におかれ、今もほぼ同じ場所で、本宮と同格の別宮として遇せられている。

持統巡旅に同行し、おそらくは千竈の地に立って詠まれた黒人の「年魚市潟《あゆちがた》」の歌は、数多い万葉歌のなかでも、指折りの名歌である。和歌の鑑賞力のない私が、まったくそのとおりだと感じた万葉研究家の高崎正秀の批評（『万葉集大成9巻』八五頁）を引用しておきたい。

桜田へたづ鳴き渡る年魚市潟
潮干にけらしたづ鳴き渡る

「二句四句で切り、五句で繰り返した。格調高く余韻深く、一群づつ飛びうつるたずの姿が見え、瞑目《めいもく》すれば、その羽音まで聞こえてくる。写生としても、ピントに些《いささ》かの狂ひがない。赤人の〈和歌の浦に　潮満ち来れば　潟を無み　葦辺をさして　たず鳴き渡る〉はまさにこの一首の模倣、しかも説明勝で、ごたついて、とうていこの歯切れのよい、印象鮮明な黒人の敵ではない」、と。

オワリ氏との交流の時はせいぜい一日で済まされる。尾張での滞在は美濃などとくらべても長くない。熱田を発って、中島郡にあった尾張の国府での尾張連若子麻呂、牛麻呂への宿禰姓の賜与などを済ませるのに一日は費やしたであろう。そこから美濃に移るが、その移動には陸路と海路が考えられる。それを文書から判断することはできない。どちらも、一日の行程としてはややきついが、可能の範囲である。海路を取れば、舟で木曽川を下り、また揖斐川を遡って、ヤマトタケル伝説の尾津浜か、より上流の牧田川の合流点付近で下船し、不破に到るコースであろう。航路に長けた尾張水軍とすれば、手慣れた道ではある。しかし私は、陸路だったと思いたい。尾張の熱田での日程以後の帰路の主な目的は壬申の乱での遅ればせの恩賞であり、慰労であったとすれば、そのときの最大の功労は、美濃の古東山道周辺の諸豪族たちであったはずで、ここに鳳駕を進めることは、その豪族たちへの大きな慰労と感謝となったに違いないからである。古東山道は、揖斐川の乱流を避けるために北に大きく迂回し、不破の関に近い府中におかれた美濃国府に到る。不破郡の大領　宮勝木実への叙位を済ませ、二十四日に伊勢、さらに伊賀、そして翌二十五日、飛鳥の都への到着である。、最後の不破から伊勢・

伊賀・飛鳥は、壬申の乱で夫大海人とともに、緊張と疲れに耐えながら辿った、かつての深い回想にひたられたであろう。そうして長旅は終った。

しかし、持統太上天皇は、一月を経ずして薨じられた。四十五日におよぶ巡行の疲れは大きかったに違いない。それでも、先代天武と自分の代がやり残し、次の世代にのしかかるかもしれない東国・「蝦夷地」経営への大きな布石を成し遂げた彼女は、充実した生涯に満足しての永遠の旅立ちではなかっただろうか。その死を早めたかもしれない参河・尾張への長期の旅はその満足度をいやがうえにも大きくしたものであったことはいうまでもない。それをなし遂げたとの持統の思いに応えるかのように、都や西国からより容易に「蝦夷地」に到るために必要な道、東山道のなかの最大の難所たる美濃・信濃国境の恵那山越えの工事が、やっと開始された。それは薨去の十二日前であったが、持統上皇の耳に達したであろうか。そうだとして、信濃遷都という先帝天武の夢がやっと実際の政治のなかで大きく動き出したことを意味するこの知らせを、病床の太上皇はどんな気持ちで聞かれたことであろうか。

高市黒人の「桜田」の歌は、どこで歌われたか

――尾張氏祖の古き屋敷の場所を探る

名古屋の南部、桜台地を上りつめた辺りにある桜田八幡社の境内に、桜田景勝地の説明と、黒人の歌碑が立てられている。人家もまったくなかった往時、眼下のあゆち潟に飛び交う鶴の姿を眺望する絶景の地であって、小山田春江《しゅんこう》が『尾張名所図会』に描いた「桜田の古覧」も、この地に違いない。埋め尽くされたビルや甍の波で覆われた今では、万葉歌人の想いを共感させるものは、なにひとつとしてない。八幡社の説明書きには、「黒人が、桜田の葦辺で群れ飛ぶ鶴の情景を見下ろしながら歌を詠んだ」といった文が記されているのが、往時を偲ぶ唯一のよすがである。しかしその現地に立って、何か引っかかりを感じた。黒人が詠歌したのはこの場所だったであろうかと。

彼がこの尾張の地を訪れたのは、大宝二年（７０２）霜月の半ばで、持統上太皇の三河行幸に際して随伴した歌びととしてであった。この地での逗留はたかだか両三日であり、多忙な侍《はべ》り人には勝手気ままな遠出はできるはずもなかったであろうから、詠歌の場所は、行幸の一行が宿泊されたところ以外にはありえない。行幸に際してつくられる公式の行宮は、当然尾張国府（現稲沢）であ

上知我麻（かみちかま）神社　古代のオワリ氏の館の雰囲気を今に伝える社殿。現在は八剣社と同じ境内にあるが、戦後の区画整理前は、熱田神宮域の南、市場町地内に鎮座。

ろうから、ここあゆちでの宿泊は、いわば私的な尾張氏の館であろうと考えられるが、桜台地の村々にそうした屋敷とか館があった形跡は知られていない。それを諸記録から探ってみたい。

熱田神宮には、本宮、別宮のほかにいくつもの摂社があり、また各種の祭祀・参拝どころがある。現在の宮域図にはほとんど見当たらないが、元禄十二年（1699）刊の『熱田宮旧記』には、本宮に参拝する前にお参りする神宮の守り神と思われる御前の名がつけられた拝所が、数多く記載されている。その御神体は樹木であったり、よく知られたアメノウズメノ命であったりだが、目を引くのが「源大夫御前」と「紀大夫御前」である。源大夫は尾張氏の祖ともいわれる乎止與（オトヨ）命のことで、タケイナダ（ネ）命やミヤス媛命の父であり、紀大夫御前の祭神は母であるが、同時にこの二人はこの地の地主神でもあって、後に神宮所在地の千竈《ちかま》の名を取って、智我麻《ちかま》神社（上智我麻が父、下智我麻が母）とも呼ばれている。上智我麻社は神宮の南地先にあり（昭和40年代に都市計画で神宮内八剣宮境内に移築)、『旧記』には源大夫御前では、在地の人びとが所当(年貢か)を納め、魚を奉げ、社前で年末年始に市が開かれ、売買がおこなわれると書かれている。この源大夫御前の地に尾張氏当主の住む屋敷があったことを推測させる。明治十年代の地図には、そこは市場町と記されており、元禄の記述を裏づけている。ただ、享保の絵地図では、そこは文殊堂と書かれ、より浜に近い場所に京屋敷という書入れがある。まだ、地主神として祀られてはいなかったのであろうか。しかし、この付近にオワリ氏の屋敷のあったことはほぼ間違いない。

ほかにも古代の尾張屋敷の在りかを探ってみよう。今の地に熱田神宮が創建される以前の草薙剣奉献の社とされている氷上姉子社には、オトヨ屋敷跡といわれている場所がある。熱田とは、かつてのあゆち潟をへだてて6キロほど南の大高地内にあるこの社は、ミヤス媛が宝剣を護って居住し、媛の希望でその死後に草薙剣を祀ったと伝えられている。この大高の火上《ひかみ》山と呼ばれる台地の最頂部の千平米にも満たない狭い平地に、屋敷跡と表記された場所があり、元宮と呼ばれる祠が祀られており、社伝では仲哀四年創建とされ、『書紀』記載のままで計算すると、ヤマトタケルの死後二十八年ということになる。すぐ横の明治三十六年建立の碑石には、「倭武天皇皇妃　尾張国造之祖　宮簀媛《みやす》命宅跡」の文字が彫られている。持統四年に天皇から寄進された山の麓の広い土地に移転して建て替えられたという記録があり、それが現氷上姉子《ひかみあねご》社の境内地である。そのほか、大高の地主神(大老婆、あるいはミヤス媛の母か)を祀る朝苧社も置かれ、この周辺には見られない大木のつくる深い森に覆われて、オワリ氏発所縁《ゆかりの》の地を思わせる雰囲気を漂よわせている。『熱田宮旧記』

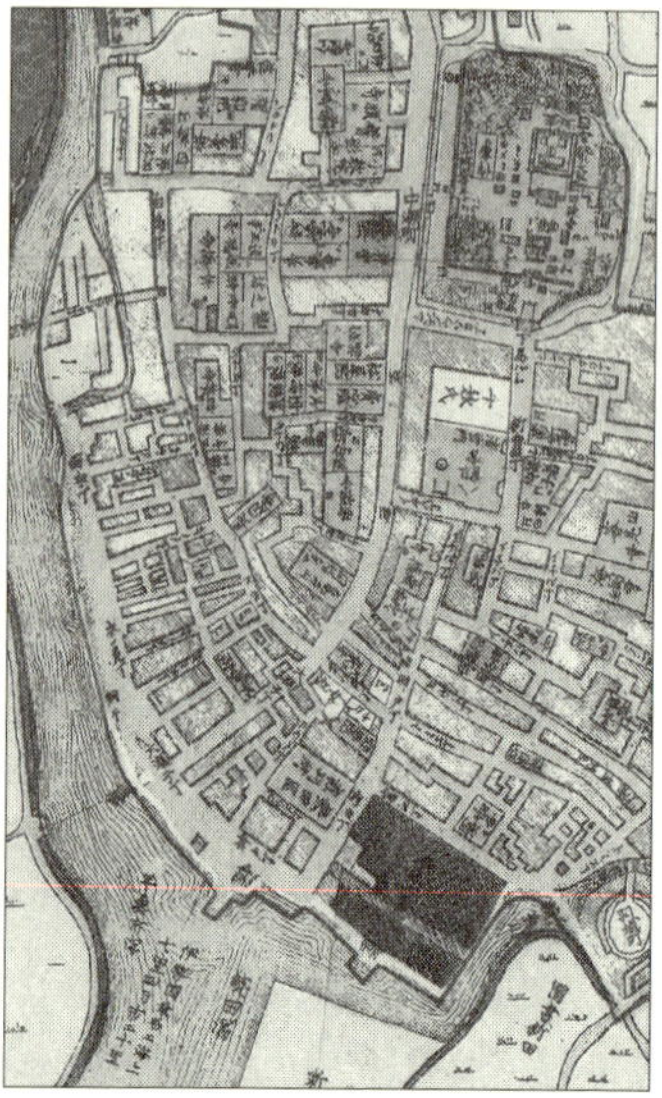

明治10年の地図

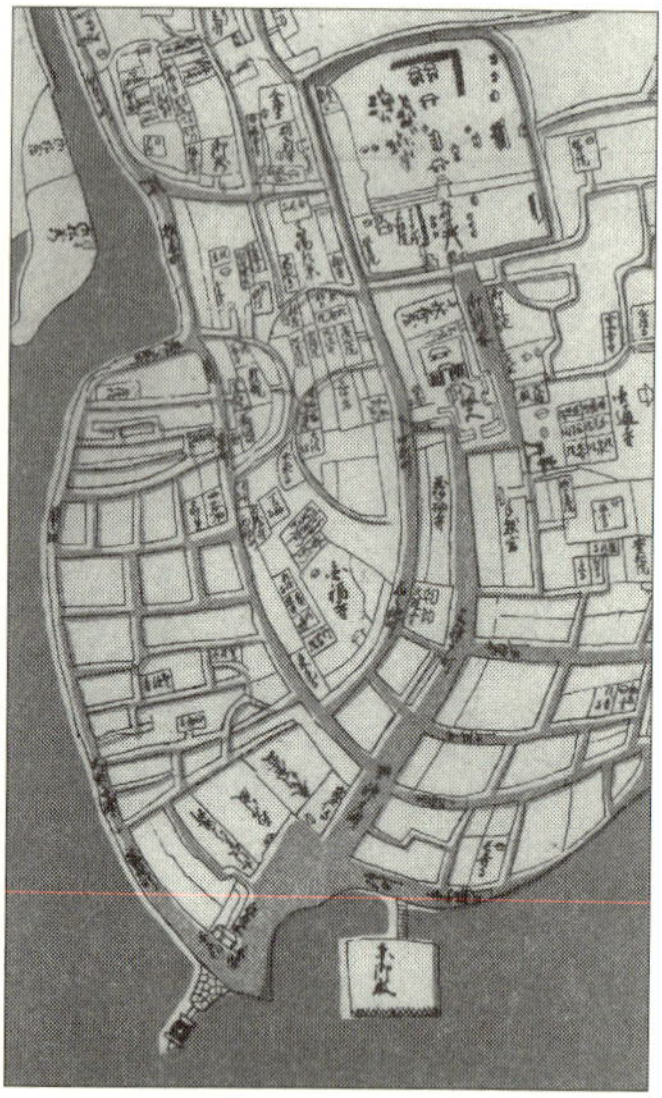

享保時代の地図

にはここにも摂社として「源大夫御前」、「喜大夫御前」の名もあるが、現在はその説明表記は見当たらない。「源大夫御前」は今の元宮なのであろうか。

ここに居住し、当地方の有力者であったオトヨが尾張北部の小針《おはり》の忌寸《いみき》の女を娶り、また海を隔てた海部氏とも結んで、尾張国造として勢力を伸ばし、ヤマトタケルに象徴される大和政権との関係を強めて、尾張のより中心地である熱田に進出した経緯も想定できる。ただ、熱田進出以前に、『熱田太神宮縁起』が書いているヤマトタケルがミヤスと交わした歌のなかで、成海《なるみ》と大高（火高）との間に潟があって、通いにくいという歌があり、それから推し量ると、成海（鳴海）にも館があったかもしれない。今、ヤマトタケルやミヤスを祀る成海神社は、以前、大高とは扇川がつくる干潟で隔てられた小高い台地上（後の鳴海城跡）にあったようで、朱鳥元年（686）の創建といわれているが、その以前には、尾張氏の館があったとみてよさそうである。大高も鳴海も、どちらもあゆち潟に注ぐ小河川の河口に接した台地上である。熱田進出の前は、古東海道により近い鳴海の館が、国造としての活動に適しており、当初の大高に代わる本拠となっていたかもしれない。

さて、コラムのテーマである黒人の歌詠みの地はどこか。成海の館のあったと考えられる土地はすでに朱鳥元年には成海神社地に変わっていたという記録を信ずれば、持統太上皇一行の宿泊された尾張御殿は、熱田の浜の外にはない。宝永元年（1704）に成ったとされる『熱田神社問答雑録』には、「孝徳天皇大化元年五月、託宣ニヨリ郡司尾張宿禰忠命等議シテ宮所ヲ定ム」とあり、その年、645年を火高火上《ホタカヒカミ》（大高氷上）の地からの神社移築とすれば、行幸年（702）に先立つおよそ50年で、その間神社施設も整い、一行宿泊には十分の御殿も造られえたであろう。あるいは行幸にあわせた建造だったかもしれない。政治力も経済力も大きかった尾張氏であれば、十分に可能なはずである。

熱田の宮の東の御前はアメノウズメ命を祀る鈴御前であるが、熱田文書には、毎歳末にその祠をすぐ横を流れる精進川の水で清める慣わしがあり、川の名前の由来ともなったが、その精進川がつくる広い干潟や湿地が開かれて、鶴の生息には適した土地柄であったはずで、日毎に干潮によって水の引いた餌場の桜田に向けて、鶴の群れが鳴きながら飛ぶ風景は、大和の飛鳥でくらす歌人、黒人にとってはめずらしく、熱田の浜辺に立って、それを眺めた彼には、ひとしお感慨深いものだったに違いない。その土地、その時、そしてその人の一瞬の交差が、万葉でも屈指の名歌を生み出す機会をつくりえたのである。

第3章

天武の信濃遷都計画がめざしたこと

「壬午に、軽部朝臣足瀬・高田首新屋・荒田尾連麻呂を信濃に遣わして、行宮を造らしむ。蓋し、束間温湯に幸さむと擬ほすか。」

『日本書紀』天武十四年十二月

第一章で、『古事記』と『日本書紀』で尾張に関しての記述の仕方の違いについて詳述した。両書の相違は、信濃の記述のすべてについても、まったく同じである。まず、それを確認しておく。『古事記』で、信濃の文字が出てくるのは、次の三つの場面である。

記紀が描く信濃

第一は、上巻・神代の葦原中国平定のうちの建御名方神《タケミナカタ》の服従の段で、大国主神の子供の一人、建御名方が国譲りを肯んぜず、アマテラスの使いの建御雷之男と力比べをして敗れ、追われて信濃の諏訪で降伏し、「この地の他には行かない」ことを約して、許された話である。出雲は越《こし》（越後）との交流の記述が多くあり、出雲から船で越に逃れ、母・沼河媛《ぬまかわひめ》を頼り、姫川をさかのぼって信濃の山の極まる諏訪に逃げたという説話は、それはそれで筋が通っている。ところが、この説話は、『日本書紀』にはまったくない。建御名方神の名前すら書かれていないない。完全な抹殺である。

次は、『古事記』の垂仁天皇の段で、天皇の子のホムチワケが水遊びの折に関心を示した鳥を捉えるために家臣が紀国から因幡、丹波、但馬、近江の国々を追って、さらに美濃国を越え、尾張国から信濃国を経て、ついに越国のワナミの水門で捕らえたと書かれた説話である。同じ話は、『日本書紀』の垂仁紀にも載せられているが、こちらは大和から追った鳥を、すぐ出雲で捉えたことになっている。

最後の三つめは、すでに前章でくわしく述べたが、両書における「信濃と越」のヤマトへの従順度の違いであり、『日本書紀』では、この二つの国がヤマトに靡いていないと書いている。

もちろんこれらは、すべて説話、伝承のたぐいで、取り立てていうべきことではないかもしれないが、この違いのなかに、信濃、あるいは越（越後）にたいする、それぞれの編纂時期のヤマト政権、というより正確には、天武前期とその後期・持統期の政治的思惑や意図の違いが潜んでいるかもしれないとすると、簡単に無視すべきではない。そこで、もう少し検討を加えて、その違いの意味するものを推定してみよう。

第一の話で、『日本書紀』がすべてを削ったのは、出雲国譲りが平穏のうちになされたことにしたい編者の判断であろう。しかし、信濃ではこの説話は現に生きており、諏訪大社の祭神はタケミナカタ命とされている。この大国主神の子供とされる神は、『古事記』の大国主の神裔段のなかには見えないが、高志《こし》の沼河媛のもとへ、よばいして生まれた。沼河が越後の姫川下流域の郷とすれば、信濃国とは隣接している。出雲のヤマタノオロチ説話でも、この大蛇が越から来ると書かれており、両地方は、海上交通で結ばれていたことが確認できる。ヤマト勢力に追われたタケミナカタが信濃の山奥に逃げ込んだという話は、日本海沿岸の越の地域と信濃山中の諏訪との間にも何らかの深い交流があったことを物語る。

二つめの話はどうであろうか。『日本書紀』が鳥を追って諸国をめぐった話を、すぐ出雲で捉えたとした意図は分からない。思うに、『古事記』が、ホムチワケ皇子が成人しても口が利けなかったのは出雲の神の祟りだったとしているので、簡単に出雲で捉えたことにしたのであろう。しかし、『記』の書き連ねる国々と経路に意味があるとしたら、出雲の捕縛でコトを済ますわけにはいかない。とくに最後のほうの、美濃に発して、東国を飛ぶ経路は、尾張で伝えられる天鹿児山説話と同じである。最後に捕縛したと書かれている高志《こし》国のワナミの水門《みと》は、場所の特定はできないが、どこか越後地方の河口であろう。こうしたルートについての説話がヤマト、オワリに同じく存在していることは、やはり両者をつなぐ何らかの実際の移動があったことを示すのではないか。

この二つを、『日本書紀』の編者たちが省略したのは、何故だろうか。思うに、どちらも出雲の国ゆずりに関わってそれへの抵抗、ないしは怨念に関わる説話であり、そのかぎりでは出雲神とヤマト神の古い関係を伝えたものである。信濃を含む東国の新たな統治や開発に関わっては、いわば無関係の話ではなかったか。とくに信濃では、金刺《かなさし》、他田《おさだ》などの有力な国人がヤマト政権の部民としてミヤコに仕えるという時代であって、ヤマトへの対抗の伝承など不要のものでさえある。むしろヤマトからの積極的な信濃重視を思わせる政策が書き加えられることに注目したい。第五章で詳しく触れるが、「持統紀」の、タケミナカタ神を祀る諏訪社に、特別に破格の配慮がなされる記述である。

とすると、三つめにヤマトタケルの東征説話で、「信濃と越」が「まつろわぬ」ので、従わせねばならない国としたことは、なにを意図したのだろうか。ヤマトの王権が、諸国の諸豪族と争い、従えつつ大王としての地位を高めていく英雄的行動をまとめ上げていったタケル東征物語の時代は、越も信濃も出雲、さらに遡れば、アマテラスに反抗し続けたスサノオの勢力が征服・統治した地方も、その意味で「まつろわぬ国」であったことは確かであり、ヤマトの諸国平定物語としては、英雄タケルによる「まつろわぬ」信濃の平定は、不可欠の記述であったに違いない。かつては「諏訪」に限ってタケミナカタの統治が許されたが、大王家の権力の強化拡大をめざすヤマトの勢力によって、信濃も越もヤマトのもとに、完全に、従わせる地としたいという強い意志が、この記述で暗に語られているのであろう。

ところで、日本海からの出雲勢力の信濃進出という記紀の伝承記録とは別に、尾張の伝説にも、諏訪の神の話がある。熱田神宮文書の『宝剣御事』に、新羅僧の草薙剣窃盗事件に関わって、そもそも新羅僧の行為は、神功皇后の新羅征討の折に生き残った子孫が、僧となって新羅を破った魔術をおこす宝物を盗み帰ろうとしたためで、かっての戦いの折にヤマトを戦勝に導いた二人の神のうち、一人は難波の住江宮に、他の一人は諏訪に入られたというものである。こちらは南の海から諏訪に移っている。もっとも、これとほとんど同じ説話が、諏訪神社の由来書きである『諏訪大明神画詞』でも語られている。この書物は延文元年（一三五六）に書かれており、筆者は諏訪社の大祝《おおはふり》で、古くからこの地方に伝えられていた話に違いない。熱田神宮文書の『宝剣御事』は、この話を、借用していることになり、尾張の地方と山深い信濃の諏訪との交流は、早くから、かつ持続的に行なわれていたことを示すものとして面白い。おそらくは、海産物と林産物の交換を介しての交流であろう。とくに、塩は最も重要な媒体であったに違いない。諏訪は太平洋と日本海からの塩の道が終わる「塩尻」なのである。尾張（三河も含む）と信濃は、古い時代から天竜川、豊川、矢作川など、川沿いに何本かの小道を通じてつながっていた。もっともそのいずれでも、急峻な山岳が立ちはだかっており、それが大きな障害であったことはいうまでもない。諏訪に達するのに、越を経由したという伝説は、姫川や信濃川などを遡上する容易さを考えると、古代の実際を示していると見るべきである。

東海から信濃に至るもっとも容易なコースは、海路を使える東国の毛国（とくに上野）から、碓井の峠を越えるものである。武蔵や毛の国々がいち早く、すぐれた鉄器武具を求めてヤマトと連合したのはそのためであろう。そこから、碓氷峠を経て、東・北信濃まで進出していたヤマトや尾張などその連合勢力は、さらに千曲川をくだって越の海ともつながったと思われるが、越の海産資源、とりわけ塩の生産の開発技術では、一日の長のあるオワリ氏の役割が大きかったに違いない。五～六世紀にいたって、巨大なヤマト風の前方後円墳を築き、強大な力を持つにいたったそのオワリ氏と関係の深い他田氏族の勢力の強い佐久や小県地方、現上田市付近に、国府が置かれ、政庁としたとき、そこと伊那、越の結節の地となる水内地方（現長野市付近）は、後の言葉で言えば、後庁、つまり経済の中心となったと推定されているが、その交易活動の中心に、オワリ氏の勢力があり、尾張部《おわりべ》という地名をこの地（現長野市内）に、今に至るも残すほど活発であった有様がうかがわれる。この地にオワリ氏の曲部《かきべ》が置かれたことが、この地名から推測され、尾張と信濃の強いつながりを暗示するのであり、『日本書紀』のヤマトタケル伝説で、わざわざタケルを碓氷峠まで回らせ、信濃・越までも巡検させて尾張へ帰るという話を生み出したのも、こうした関係を示したのかもしれない。信濃にたいする尾張の意味は、このように大きかったことを暗示する『日本書紀』の記述である。

なぜ信濃遷都か

さて、この信濃の地へのヤマト政権の新たな政治的位置づけの開始となったのが、冒頭の引用文で示した「天武紀」の記述である。これよりすこし前、『日本書紀』が天武十三年段に、「三野王……等を信濃に遣わして、地形（ところのありかた）を看しめたまう。是の地に都つくらむとするか」と記載されており、新たな信濃経営が実行され始めたのである。信濃の地に副都をつくりたいという天武の意図が、ここで示された政治、社会的な背景は何であったろうか。その検討をはじめたい。

ところでこの天武十三年の記述は、古代史の上で、「信濃遷都問題」と呼ばれ、唐突で、理解困難な、謎に満ちた出来事として、多くの史家の検討が重ねられている。幸いにして直木幸次郎が著書『日本古代の政治と社会』（吉川弘文館）のなかで、「補論　信濃遷都計画について」を設けて、諸研究の整理と、自身の見解を述べているので、素人の酔狂者である私にとっては、ありがたききわみである。その簡略な紹介と感想を述べたい。

直木幸次郎は『紀』天武十三年二月条の三野王らの信濃派遣から、同閏四月にその報告、天

行宮造営の束間の湯故地（松本市 浅間温泉）
『長野県史第２巻』342 頁より

武十四年十月条の「行宮をつくらしむ」までの記述では、都づくりのベテランが名を連ね、東間（筑摩＝つかま）の土地まで示され具体化されてきているのに、その後は突如として消えてしまったという唐突さを指摘された後、遷都計画の理由についての諸説整理がなされる。A．外寇、内乱にたいする守備、B．東国対策の一環、壬申の乱の経験から、地方の豪族層の動きを監視・警戒するため、C．東国開発の拠点とするため、D．軍事的理由のほかに、病を得た天武の温泉治療のため、E．戦闘に必要な馬産地を押さえるため、F．占いによる方位判断、G．朝廷の内廷に密着した強力部の存在などが列挙され、その適否が簡潔になされる。

　その上で、直木は以前にはB説を採っていたが、今はAが妥当であるとして、天武朝の新羅を中心とした国際関係年表を示される。私には、不学にしてその表から信濃遷都を必要とするほどの危機を読み取ることはできない。逆に、前期の天武六年ごろまでの緊迫さと比べて、それ以後、とりわけ九年以降の記録には、むしろ関係良好の状況さえ読み取れる。軍事的強化の理由が外冦ではなく、内乱の恐れとする説は、松本好春『律令兵制史の研究』のものであるが、この主張についても、簡単には納得しかねる。松本は天武期にひきつづく政治不安があったことを示し、その守りのために、東山道によって移動は容易であり、また「径路険阻　往還艱難」な土地である信濃に副都をおいて、かつて壬申の折、大挙大海人軍にはせ参じた兵力に依拠することができる信濃こそ、反乱に備えるもっとも有効な遷都先と説かれている。しかし、当時の（古）東山道は、後の章で検討するが、美濃以東は整備が進まず、とりわけ険阻な恵那山越えは困難そのもので、天武当時には移動が容易といった状況ではない。侵攻が困難ということは、避難も困難ということである。信濃の兵が大量に大海人陣に参加したという説も、にわかには信じがたい。『日本書紀』の壬申の乱についての記述中にある「東海の軍」と「東山の軍」の活躍を、後の『釈日本紀』の注記によって信濃の兵とする説であるが、この「東山の軍」は、美濃の軍であったと思う。美濃の軍三千がいち早く不破の関を固めたことが、たたかいの帰趨を決したことはよく知られるが、それは、美濃の池田・大野など西部および各務、武儀など中部地域の村々から集められた兵たちが古東山道を西に向かったものが中心で、美濃でも恵那など東部は含まれない。いわんや、そこからさらに険しい山を越えて、目立つほどの大勢の信濃のいくさ人が戦場に向かうとは考えられない。「大海人皇子にとって、騎馬に熟達した科野兵こそ最も頼みとするところ」という『長野県史』の推定は、いささか誤っていると思う。もし、信濃の騎馬兵がそれほどの活躍をしたとすれば、持統六年の伊勢行幸に、信濃騎兵が招致されていないはずがないではないか。

しかも、なによりも、内乱に当たって最も重要なことは、地域の権力者たちがしっかりと、避難した首長を支えるだけの地域の保障が必要なのであり、それが確立しているわけでもない信濃に、壬申の乱における近江軍の敗北の要因を知っている天武の意思が動くとは思われない。第二次大戦末期、信濃の松代に大本営を移すがごとき無謀さを連想させる遷都は、現代でもまったく狂気だが、信濃をめぐる当時の諸環境を具体的に考えれば、まったく同じで、肯定できない。

私には、この信濃遷都計画は、先の理由のCで、新たな東国政策、とくに越後と越後に連なる出羽地方の開発や東国に北接する「蝦夷」との対抗をにらんだ、東北前線基地づくり以外にはないと思える。中央では律令の体制を整え、西国のみならず、東国、さらには東北に支配力を確立すること、とくに斉明の時代に進みはじめ、天智朝において活発に行なわれた越後、出

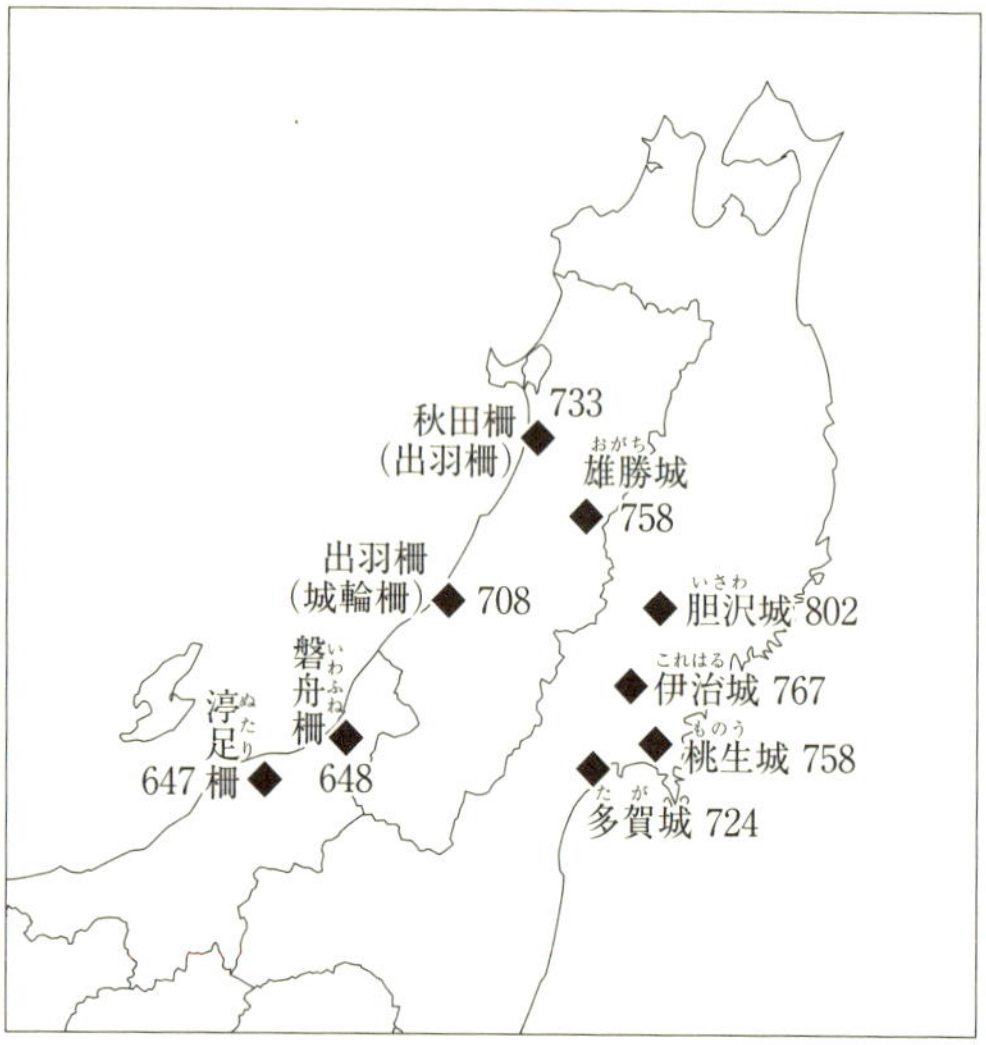

図５　ヤマト政権による「蝦夷地」の柵・城
備考：数字は進出年

羽の開発を着実に行なうことに加えて、東海岸をも含めて全面的な「蝦夷」地開発を完成することは、新しい国のあり方を左右する新たな課題であり、そのために、信濃の位置が積極的な意味をもっていると判断したのだと思う。「蝦夷」地に勢力を広げ、東国をより直接的に支配するための前線拠点として、よりふさわしい信濃を確立するという強い意思表示である。『日本書紀』のなかでヤマトタケルを東の極限としての「日高見国」まで侵攻させ、さらに「越も信濃もまだまつろわぬ国」と書かせた意味はここにあったのではないか。

そこで、必要な範囲で、当時の越後と東国に隣る「蝦夷」をめぐる事情をもう少し具体的に見ておきたい。ここで蝦夷とは、まだヤマト政権には強い影響を受けていない、ヤマトにたいして閉鎖的で、地域に自立している勢力であると考えたい。カッコを付して「蝦夷」とするのは、その意味を強調して蕃族《ばんぞく》といった受けとめ方を払拭《ふっしょく》したいからである。

東国や越後とヤマト政権の連合的な関係が結ばれ、さらにその北部に住む勢力との接触がヤマト政治の問題となったのは、意外に早い。記紀の記述で、すでに崇神の時代にいわゆる「四道将軍」派遣があり、とくに『古事記』には東海《ひがしのうみ》道の軍と日本海側の高志《こし》道の軍が相津（あいづ：会津）で出会ったとある。この記事は地名に関わる単なる伝承とされてきたが、一九六〇年代になって全長九〇メートルにもおよぶ東北地方最大級の前方後円墳の発掘調査で、応神・仁徳稜古墳と年代を同じくするとされる埋蔵遺物が発見され、伝播のタイムラグを考えても、四世紀末のものと確認され、その信憑性が一挙に高まった（会津若松市『会津大塚山古墳』）。地形から考えて、越後から阿賀野川を遡行したヤマト文化との接触によるものと思われ、ヤマト勢力の越後（当時の高志）への進出は、意外に早かったようである。武蔵の稲荷山古墳の鉄剣文字の解読結果から見ても、四世紀半ばと見てよさそうである。とはいえ、「蝦夷」との接触はまだまだ局地的で、広範なものではなかったのではないか。先の大塚山古墳を除けばヤマト文化を示す遺跡はないと、大塚山古墳の『調査報告書』は書いている。

東国や越後の開発が進み、その北部に住む「蝦夷」との接触がヤマトの政治問題となったのは、おそらく崇峻代であろう。その二年（五八九）に、使者を出し、東西の海の道と中央の山の道の三方から、「蝦夷」の境の状況調査を行なった。このときの記述で、「蝦夷」と呼んだのは山の道だけで、東西の海の道の二つはともに「国々の境」といっている。異文化を持った人々との接触は、必ずしも敵対関係にあったわけではないことを示している。ともかく具体的な接触が、この時期に広範に始まったのであろう。このうち、山の道の「蝦夷」が、舒明九年（六三七）「朝《もう》でず」（不従順である）として、上毛野君《こうづけのきみ》に命じて討たせたが、逆に敗北した。しかし、他の地域とはそうした大きな衝突はなく、おおむね友好な関係にあったようで、とくに皇極元年（六四二）、越（越後）に接した「蝦夷」の「数千人内附（まうきつ）く」、つまり大規模な交流が進んだと『日本書紀』は書いている。そして、そこに孝徳三年（六四七）渟足柵《ぬたりのき》（現新潟市の北）を、翌年にはさらに北に磐舟柵《いわふねのき》を設け、「越と信濃との民を選びて、始めて柵戸に置く」、つまり、屯田兵のように、その地に住まわせ、「蝦夷」に備えさせている。

現代の柵跡の調査などで、必ずしも戦闘用の設備ではなかったようで、むしろヤマト勢力と「蝦夷」との共同の開拓が始まったと考えられる。この柵戸となった越とは主に高志（越後の頚城地方）の住民であり、以前に上毛（上野）国など東国から信濃に進出して、信濃川中下流域の、越（越後）の地域に居住した者たちや、尾張から伊那を経て、諏訪にまで広がってきたヤマト・オワリの影響がつよい信濃びとであったろう。このようにして、越が分割されて越後と出羽となった和銅五年（七一二）頃の日本海側の地方での「蝦夷地」開発は順調に進み始めたわけである。

しかし、ヤマト政権と「蝦夷」との関係は、もう一つ違った形でも進行した。おそらくは後の天智となる中大兄皇子の政策であろうが、渡来系の航海技術者集団を抱えた阿倍臣が、数度にわたり遠く秋田、津軽の「蝦夷」を討ち、強引な植民化を進めている。そこに飽田《あぎた》（秋田か）、淳代《ぬしろ》（能代か）などの柵をきずき、現地首長に位階を授けたり、戸口調査をさせるなど、軍事力をもともなう強引な進出が目立った。おなじく、ヤマト勢力の進出に抵抗が強かった東海岸や古東山道筋の陸奥も含めて、『日本書紀』の斉明元年（六五五）条に、「北　北は越ぞ　の蝦夷九十九人、東　東は陸奥ぞ　の蝦夷九十五人に饗たまふ」とあり、強硬な進出による戦果を記している。先の皇極期の数千人はいささか誇張のように思えるが、それでも二つの開拓方式の効果の違いが大きすぎる気がする。しかしそれも、天智朝にいたってからは記述はなくなり、古東山道や東海岸の「蝦夷」の抵抗もいちだんと強まるなか、不安定のうちにヤマトと「蝦夷」関係は天武・持続に引き継がれていくことになる。天武十年三月、陸奥の蝦夷二十二人への爵位の受与の記録もあるが、こうしたいわゆる懐柔政策も順調ではなかったようである。新羅との関係が一段落する天武後半期には、その対応が大きな政治課題となってきたわけである。

「信濃遷都計画」はそのさなかに現われた。複雑な開発最前線の現地の状況を十分に把握した上での進出・開拓計画を行なうには、飛鳥の都はあまりにも遠すぎる。信濃遷都計画の必要性は十分にあったいわば、天武の夢の実現への具体的な動きであった。

東国政策のための「信濃遷都」という見解はすでに多くの人から指摘されている。それに対して、大和岩雄は、それは東国のどこでもいいわけで、信濃への「造都」の特定の理由とはならないと否定的である。たしかに、上総など関東に蝦夷進出の拠点づくりもあったが、それはむしろ水軍をともなう武力による征服をめざしたものだったように思う。武力の一方で、順化を含む植民政策を展開するには、より都とつながりやすい地域が望まれるわけで、そのための適地として信濃が浮かんだのではないかと思う。そこは、「蝦夷地」と直接に接する越後との人の交流も多く、より具体的、日常的な情報も得やすかったはずである。同氏が自己の主張の馬産地把握のためという説には賛成だが、もう一つ強く共感を示されている陰陽思想による信濃の方位が選定の根拠になったという説は、無視すべきではないが、陰陽思想は狭い地方、たとえば一都市内、広くてもせいぜい一国程度の範囲の問題については重視できても、全国的政略に関わる位置選定では、二次、三次的なものと考えるべきではないか。都からの方位の正確性すら疑問視されている時代でもある。そしてもし、方位の正確性をクリヤーしたとしても、なぜ尾張でも美濃でもなく、信濃かが問われなければならなくなる（『信濃』「天武天皇と信濃」第38巻9号）。

遷都の進展

ここで、古代史家がさまざまに論じている「信濃遷都」計画の経過を資料によりつつ、少し綿密に検討したい。

事の始めは、天武十二年（六八四）十二月、五位伊勢王をトップに、高官、実務者らが、諸国の境界の調査を命じられたことである。そのなかでも東国の調査が主だったようで、このときには完了せず、翌年十月にも、再度伊勢王等が、東国に赴いた。おそらく東国の開拓が進み、国や郡の境界の変更の必要が増えていたのであろう。とくに、「蝦夷」境の地方は、大きな問題だったのではないか。さまざまなかたちで、ヤマトと「蝦夷」関係の調整が東国での政治課題となっていたようで、それは同時に、東国・「蝦夷」政策の重要性が増していることでもある。

そうした調査の開始とともに、都は一ヵ所でなく、二〜三ヵ所につくる。まず、難波に都をつくるという詔がだされる。そこは、かつて仁徳の難波高津宮が置かれたと伝えられ、白雉三年（六五二）完成といわれる難波長柄豊崎宮があり、そこに追加の建築が加わった都となったようである。西海との交流の拠点であり、副都にふさわしい位置と施設を備えたものだったと思われる。天武期の建築は、しばらくして焼失したようだが、副都としては、京都に都が移るまでは存続した。

もし、難波の都を西の副都とすれば、東国・「蝦夷地」の新たな動向に対応して、東の副都もまた必要となる。天武十三年（六八五）二月に三野王らを信濃に派遣して、土地柄を調査させたことは、単なる思いつきではないといえよう。その結果はすでにその年の閏四月に報告された。

天武十四年（六八六）十月、「軽部朝臣足瀬《かるべのあそみたるせ》・高田首新家《たかたのおびとにいのみ》・荒田尾連麻呂《あらたをのむらじまろ》を信濃に遣わして、行宮を造しむ。蓋し、束間温湯《つかまのゆ》に幸さむと擬《おも》ほすか」の記述がある。行宮が造られたことは確かである。それが行幸時につくられる臨時の建築であったのかどうかは明らかではない。束間湯への行幸は計画があったが中止になったのか、もともとなかったのかも分からない。しかし、在位中に近くの吉野のほかは、一度も行幸がなかったという天武が高齢で病がちの時期に、信濃のような遠隔の土地への湯治の計画をもったであろうか、いささか疑問で、行宮を造るための口実だったような気がする。「擬ほすか」と疑問形にしたのは、飛鳥の高官たちの反遷都づくりの雰囲気を込めているようにも思えるが、それでも、その行宮を造成する責任者として、軽部朝臣足瀬ら三人の高官が任命されている。一時的な行幸で行宮（仮の宮）を地方の国司等に命じる場合とはまったく異なっており、想像だが、仮の宮とはいえ、かなり本格的な宮殿が造られたのではないか。

そこまでして信濃の東間（筑摩）の地になぜ行宮を建てたのかについてはすでに検討したが、その行宮は難波の都とは較ぶべきもないとはいえ、積極的な意味を持ったのであろうか。それに関する記述は、史書にはまったく見えない。そのためであろうか、私の知るかぎりだが、すべての史家はほとんど否定的である。それは、公的な文書を基としなければならない専門史家からすれば、当然の判断である。にもかかわらず、私は、当初の意図には反して、規模の小さいものに終わったかもしれない「信濃遷都」はヤマト中央の政権の東方政策の進行と、その後の政略の展開のなかで一定の意味をもち、行宮もそのために役立ったという仮説を立てたい。

まずは、美濃と信濃、そして越後へと通じる道路建設の促進である。大宝二年（七〇二）、恵那山の神坂峠越えの工事が開始されたが、千五百米を越え、しかも気象の変化の激しい高山のためか、難工事で、十一年後の和銅六年（七一三）に、やっと開通した。これについては、

年　　月	移配先	柵戸配
和　　銅7（714）.10	出羽柵戸	尾張・上野・信濃・越後等の民200戸
霊　　亀元（715）.5	陸　奥	相模・上総・常陸・上野・武蔵・下野の富民1000戸
〃　　2（716）.9	出　羽	信濃・上野・越前・越後の百姓各100戸
養　　老3（719）.7	出羽柵戸	東海・東山・北陸3道の民200戸
〃　　6（722）.8	陸奥鎮所	諸国司の簡点による1000人
天平宝字元（757）.4	陸奥桃生・出羽小勝	不孝・不恭・不友・不順の者
〃　　〃　.7	出羽小勝村の柵戸	奈良麻呂の変の加担者
〃　　2（758）.10	陸奥桃生城の柵戸	浮宕の徒
〃　　3（759）.9	出羽雄勝柵戸	坂東8国・越前・能登・越後の浮浪人2000人
〃　　4（760）.3	出羽雄勝柵	没官奴223人・婢227人
〃　　〃　.12	陸奥桃生柵戸	薬師寺僧華達
神護景雲3（769）.6	陸奥伊治村	浮宕百姓2500余人
延　　暦14（795）.12	陸奥柵戸	逃亡の諸国軍士340人
〃　　15（796）.11	陸奥伊治城	相模・武蔵・上総・常陸・上野・下野・出羽・越後の民9000人
〃　　21）802）.正	陸奥胆沢城	駿河・甲斐・相模・武蔵・上総・下総・常陸・信濃・上野・下野の浪人4000人

表1　8世紀の「蝦夷地」への開発移住
『長野県史第2巻』P572の表32を若干修正して転載

続く四章でくわしく述べる。

その完成を待つかのように、翌和銅七年（七一四）から、越後境の「蝦夷地」の入植活動が始まった。その全貌は表1（また長野県史572頁の表32）で明らかなように、数年にわたって、毎年のように、膨大な数の民が、新たにつくられた出羽国に送られた。養老三年（七一九）までに、その数は千五百戸に上っている。当時の戸は、傍系や奴婢なども含む大家族で、仮にその数を少なく見て十人としても、一万五千人となり、植民活動の規模の大きさがわかる。古代東国での最大級の事業である。なかでも信濃からの柵戸数は『長野県史』の推定を交えた試算で、信濃の人々の一割近いという。こうした大事業は、単に信濃国司の力のみでは不可能であり、国家事業として強力な中央政治の力がなければありえないのではないか。なかでも注目すべきは、この新たな越後大規模植民の最初の年に、上野、信濃と並んで尾張からの移動が記されている。海岸に近い越後・出羽地方における湿地と海の開発では、尾張は先進的な経験があり、記載が四国のなかのトップであることからいって、統率的指導的な役割を果たしたのであろう。持統帝が奔走してつくりあげたオワリ氏との信濃・越（越後）の共同開拓政策が具体的に現実のものとなったわけである。『岐阜県史』もこの美濃と信濃の間の東山道整備と出羽経営をじかに関連づけて以下のように記述している。「平城京の造営と蝦夷への征討行動を展開していくなかで、吉蘇路の開通も急ピッチで進められたと思われる。それは征討から出羽国の建設と経営という越後方面での対蝦夷行動のために、美濃国から信濃国を経る経路を完備することでもあったし、また広く言えば律令体制の貫徹をはかる〈政治の道〉を整備することでもあった」と。

それでは、飛鳥の都の意思はどのように信濃に伝えられ、貫徹されていったのであろうか。

それが、大量の人民を未開の土地に移動させ、開拓に従わせるという無謀ともいえる政策だけに、信濃でのヤマト政権の強力な意思を直接に示す仕組みがなければならない。国の官衙としての行宮がその役割を果たしたのであるまいか。もちろんそれを示す資料も伝承も知らない。しかし、それに何らかのかかわりがあったと推定するに足るような信濃にたいするヤマト政権の直接の政治措置があった。その一つは、霊亀二年（七一六）に、美濃の国司で神坂峠越えの難工事を直接指揮した笠朝臣麻呂が、尾張守を兼ね、さらに養老三年（七一九）の按察使《あぜち》の制度開始とともに、信濃、参河を含む地域の按察使に任じられたことである。彼が越後・出羽経営の促進に果たした直接監督の大きな役割を窺わせる。その彼が信濃において事業を指揮したセンターは、東山道に面した筑摩《つかま》の行宮ではなかったか。もしそうだとすれば、建設以来三十年近く、表面的には一度も公的に使用されなかったかもしれない天皇行幸のための施設が、もともと狙っていた新たな律令国家の東方開発の拠点となる「副都」としての役割を果たしていたことになる。天武は己の夢、「蝦夷地」の全域を支配し、大八洲全域の統治を完成するために、その前線基地としての副都を信濃につくるという夢を独断専行的に進めたが、その後を継いだ持統の、尾張を含む「協力体制」づくりにも支えられて、死後三十年余を経て、ようやく政治の表舞台で有意な役割を発揮することになったわけである。

諏訪国の出現

もう一つ注目したいのは、養老五年（七二一）の諏訪国の設置である。それはわずか十年で再び信濃に併合された不可解な歴史事件である。

この諏訪国の十年については、設置、廃止の原因ともに、史料的にはまったく明らかにされていない。それどころか、『長野県史』の記述によれば、「諏訪国が約十年間存在したことはあきらかであるが、その範囲や国府の所在地、補任された国司………などについてはなにもわからず、諏訪国の実態は不明」と書かれているのである。短期間とはいえ、律令制国家のもとで存在した諏訪国についての基本的事項すらも記述されず、伝えられてもいない事態は、まったく理解困難である。『長野県史』は信濃からの諏訪分国の理由として、「諏訪文化圏」の特殊性ではないかと自問しているが、それが分国につながるとは思えないと、すぐに自ら否定している。ここにタケミナカタの神話に描かれるような「諏訪の特異性」が生きてくることは、前述のとうりありえないからであり、まったく同感である。なんらかの事情があって、非律令的な無法措置として、分国されたとしか言いようがない。それは秘密裏での律令国家直属の領域化である。私は、諏訪地方の土地が関わる国家的緊急事が発生して、その対策のために採られた非律令的無法措置ではなかったかと推定する。それを指導したのは藤原不比等なきあとの政治的実権を握った長屋王である。そのことについては、第四章の「諏訪山嶺道づくり」の検討に関わって、改めてその詳細を検討する。ここではその政策を遂行するための中枢施設として、行宮はその「国家直轄領」府の役割を果たしたのではないかと推定できることを指摘しておきたい。

ただ、この諏訪国が存在したといわれる十年間で、ヤマト政権の「蝦夷政略」は、根本的に変わった。越後に隣る出羽からさらに先の出羽雄勝《おがち》の柵戸には、罪人、浮浪者などがあてられるようになったこと、さらにもう一つ、より重点的にとりくまれるようになった東山道筋の陸奥「蝦夷地」への進出が、武力を伴うものになっていたことである。「分国」はこの変化と関わってはいないであろうか。あくまでも私の推定だけだが、この数年の間の、過酷な出羽開拓民の徴用で、あるいは反抗し、あるいは逃散する氏族の民にたいして、信濃国司ではなしえない強迫と慰撫のための特別の「国家直轄領化措置」があったのではないか。緻密な地域史料の発掘・整理の実績の長い信濃関係の文書の中ですら、それを感じさせるものは見つかっていない。しかしそうした措置が緊急に必要とされる重要課題があったに違いない。と、考えたとき、「須芳山嶺道」をめぐる問題と、騎馬兵組織化に関する問題が浮かんでくる。それは、諏訪と東国の上毛国を結ぶ最短の道であり、この道の開通によって、都と東国、さらには東部の「蝦夷」地はじかに結ばれ、あわせて、騎馬軍団の整備により、両者は短時間で通行可能となり、ヤマトの東方政略は飛躍的に強化されることとなった。しかも、それらは予想外な短期間に完結した。そのことについては続く第四章で詳しく説明しよう。この課題の完結によって、「国家直轄」の必要はなくなり、わずかに十年にも満たない天平三年（七三一）に、諏訪国は再び信濃に復帰することとなった。

信濃の国府は、はじめ北部の小県、今の上田市域内におかれていた。国分寺、国分尼寺は、当然国府に近く建設されたと思われるので、少なくともその建設推定年次の九世紀半ばまでは、そこに国府があったことは間違いない。しかし、その後はあまりにも信濃の北に偏った位置にあったためか、筑摩の現松本市付近に国府が移されている。そこは奇しくも行宮の置かれていたところだが、両者の直接のつながりはほとんどなかろう。それを関連づけるには、二百年近い歳月はあまりにも長い。ただ一つの不思議は、国府移動の年月がまったくわからないことである。少なくとも信濃中・南部の歴史的地位が高まったことに伴う移動であったことは推定できる。しかし天武の行宮が、信濃の中・南部の政治、経済の比重の増加テンポを速めたかどうかだが、それは即断できない。

ともかく、大和に主都を置く政権が、信濃を律令国家確立当初の東国とその以北の地域支配・管理のための前進基地としていったことは間違いないと思う。「天武の信濃遷都」はそのために、きわめて適切な意味をもち、かつ有効な働きをなしたことは確かである。「信濃遷都」は計画にとどまらず、小規模ながらも実現し、かつ当時の東国政策でなんらかの実効ある働きをなしたというのが、私の本書での重要な仮説である。しかし、遷都の実効は、単に行宮の建設や按察使の任命で現われてくるわけではない。そこと都をつなぎ、さらに大量の人やもの、さらには文化の交流・通行を支える手段、つまり道が整備されていることである。つづく章でそれを検討しよう。

美濃の喪山伝説は何を意味していたのか

記紀はどちらも、神代の伝承として、美濃国藍見《あいみ》(美濃市付近の長良川中流の別称)の喪山伝説を載せている。『古事記』では、葦原中国の平定の段に、『書紀』では、神代下の冒頭にあって、いずれも出雲の国譲りの直前に置かれている。両書の内容や登場する神の名前にいくらか相違はあるが、ほとんどまったく同じ話である。この意味することはなんであろうか。

簡単に伝承を、『日本書紀』の記述に沿いながら紹介すると、

《高天原からニニギ命が中つ国(つまり日本の土地)に降臨するにあたって、なにかと騒がしいので、様子を見るために遣わした神々が、復命をしに帰ってこない。そこで壮健な神アメノワカヒコに特別の弓矢をもたせて派遣したが、彼も出雲の国の魅力に取り付かれて、なんの報告もしない。そこで天上の神々は、鳴女という名の雉に様子を見させたが、アメノワカヒコの矢で射られて死んだ。しかしその矢は、返し矢で、天上神に謀反する使い手を逆に射殺すものであった。地上びとの妻の泣き叫ぶ声でその死を知った天上の父と妻が地上に降り、悲しみのモガリの最中に、死者と親

しかった友人のアジスキタカヒコネ神の弔問があったが、その相貌が死者によく似ていたので、「わが子、夫は生きていた」と抱きつかれ、「死者と間違えるとは」と怒って、喪屋を太刀で切り倒し、蹴飛ばした。その落ちたところが美濃の藍見川で、そのほとりに崩れた喪屋が積もり、喪山ができた》というものである。蹴飛ばした神は大国主神の子供ともいわれ、出雲の雷神のようでもある。今、美濃市の喪山と伝えられる地の近くに在る大矢田神社の祭神は、スサノオ命とアメノワカヒコ命であるが、大和の雷神で、「出雲の国譲り」説話でも活躍している武御雷神も祀られている。またアジスキタカヒコネ神も、近くの上神神社の祭神である。記紀の神話にでてくる勇壮な武将の神々が、この喪山伝説のある美濃市の地に集中することになっていて、おもしろい。

そこで、古き神代の話として、遠隔の出雲と美濃がどうしてつながったのか、それを考えてみたい。

まずは、記紀や風土記でしばしば出てくる、「地名由来」説話だと考えられないか。アメノワカヒコとアジスキタカヒコネという二人の神はわざわざ友人の死にあたって、天上から下向してモガリに行ったほどの仲だから、よほど親しかったに違いない。出雲で返り矢のために死んだアメノワカヒコは天上の神で、神の世界では不死身だから、天界でいずれ許されて、蘇生する。美濃の「藍見」はアイミで、「相見る」だから、また会おうと出雲の雷神は死者に語りかけた。そんな解釈も成り立つ。が、もしそうだとしても、アイミはさして特殊な語句ではないから、美濃の藍見以外にも幾つかありそうで、やはり、なぜ美濃だったのかがあらためて問われることになる。とすればやはり、出雲と関わった美濃の説話の意味づけである。はじめに、出雲はスサノオによる草薙剣の土地だから、美濃の地の剣づくりでのつながりが頭に浮かぶが、古代の美濃にはその形跡はない。壬申の乱の研究で話題になった不破の金生山の鉄は、あまりにも遠すぎて、結びつきにくい。藍見に近い関市の刀剣の歴史は鎌倉時代以降で、美濃の古墳からも、そうした出土はなさそうである。

とすると、この伝承の成立当時のヤマト勢力の意識したヤマト政権の勢力範囲の西と東の限界地という意味以外に、私には考えられない。西の出雲は高天原を追放されたスサノオが、朝鮮（韓）半島の新羅にわたり、再び渡来して建国した進んだ金属器を伴った文化圏で、ヤマトはその「国譲り」で関係を強め、北九州に代わる大陸文化の吸収ルートを確保し、やがて先進の地域を凌駕しはじめるが、そこが当時のヤマト勢力圏の西の境である。

喪山碑　記紀に書かれた神代の喪山伝説の美濃の舞台は、美濃市大矢田の里。出雲とこの地とはどんなつながりがあったのだろうか。写真は『美濃市史・通史編』による

一方、東の範囲はどこまでか。本書の第五章で紹介する弥生文化の中・後期の図から東限を読みとると、海岸に沿っては、太平洋側では関東、日本海側では越後にまで達してはいるが、沿岸から内部にまでは浸透しにくかったであろうから、いわば局地的である。本格的な開発となる内陸部については、弥生前期と

さして変わらず、尾張・美濃にとどまりがちである。その東部に広がる中部山地の高所では、生産性の高い稲作をともなう弥生文化は、かならずしも縄文文化を凌駕するほどには、優位性をもちにくかったのであろうか。そこでは、弥生文化を部分的に吸収し、影響されながらも、高度の縄文文化が根強く維持された。それがヤマト勢力範囲の東限となっていた。

その東限の美濃のヤマト化は早かった。地理的な近さと地形的な障害のなさによって、ひとの往来は頻繁だったに違いない。ヤマト政権は地方の有力豪族を国造（くにのみやつこ）に任命しながら関係を結び、勢力を拡大していったが。国造の任命を記録した文献としては、いちじるしく信憑性に欠けるが、物部氏の旧辞である『先代旧事本紀』があり、「三野前《みののみちのくち》」の初めての国造は、大和、葛城、河内、山城に次いで早く、九代天皇とされる開化の孫の八瓜《やつりの》命としている。三野前がどこかは明確ではないが、中・西濃とされている。『書紀』では「美濃国造　神骨」とあり、その二人の麗しき娘を大碓（小碓、つまりヤマトタケルの双子の兄）が大王景行の言いつけに反して、ひそかに通じてしまい、怒りをかって、美濃の別王となり、その子が壬申の乱で活躍する牟宜都《ムゲツ》氏族の祖とされている。西濃には天皇氏族の名代も多かったことなどを踏まえると、大和勢力の美濃進出は、他に先がけて早かったことはほぼ間違いない。喪山伝説の地、藍見はその中濃の東部、ムゲツ氏の支配するところである。神話の年代を想定することはナンセンスではあるが、先の図などから考えると、あえていえば、弥生終期として四世紀の初めごろだろうか。そこが東境の壁だったのだろう。

ヤマト政権がこの壁を破って東国の平定を目指した記述は、崇神の東方十二道への将軍派遣であるが、本格的にはヤマトタケル物語である。彼が西に、また東に遠征したという記紀の記述は、倭王武（雄略）が478年に冊封を求めて、中国の宋の皇帝に出した上表文の前文に「東の方毛を征すること五十五国、西に方衆夷を服すること六十六国……」と書いていることと重なってくるが、その宋への冊封要請の最初が讃（仁徳か）の421年であるから、さらに以前の幾人かの倭の諸王が、世紀を越えて長期間におこなった勢力拡張の歴史を、ヤマトタケルという一人の英雄に象徴的

中央アルプスの雪の連山遠望　はるか前方に雪をいただく高山が連なり、人の進出を拒むかのように聳える。ヤマト人には、東の果てと映ったか。
恵那市槙ヶ根よりの望見

ひんここ祭り　美濃市大矢田神社に古くから伝わる人形劇風の神事。スサノオ神や大蛇などに扮した村人十数人が、夜明け前から日没近くまで、延々と演じ続ける。写真は『美濃市史・通史編』より。

にまとめて描いたものであろう。喪山伝説に関わった神々の武将たちはこの地に眠り、ヤマトタケルの東限を越えての活躍のさまをどう眺めたことであろうか。

今、この地域の展望のきく場所から東を見ると、遠く中部山岳の連山が一望できる。とくにそれが白銀に変わる冬の山々の連なりは、まさに壮観で魅力的であるが、記紀の時代、この地に立ったヤマトびとの目には、それ以上に、越えがたい壁と映ったことであろう。この地の住民は現在も喪山伝説を大事にして、ヒンココ祭りとして神々を祀り、そのなかでスサノオのおろち退治の人形劇を演じ続けている。それは、スサノオ、クシナダ姫、大蛇、農民十一人が、早朝から夕方まで長時間かけて延々と踊り、かつ演じ、スサノオが最後に大蛇を退治して農民を救うことで終わる貴重な民族文化遺産指定の行事である。

第4章

混乱の吉蘇路《きそじ》論争と記事欠落の須芳《すわ》嶺山道

——美濃・信濃をつなぐ古代の官道をめぐって

「美濃守従四位下笠朝臣麻呂封七十戸、田六町……。以通吉蘇路也。」

『続日本紀』和銅七年閏二月

「古記云、殊功謂笠大夫作伎蘇道、贈封戸。須芳郡主帳作須芳山嶺道、授正八位之類也」

『令集解』巻二十二

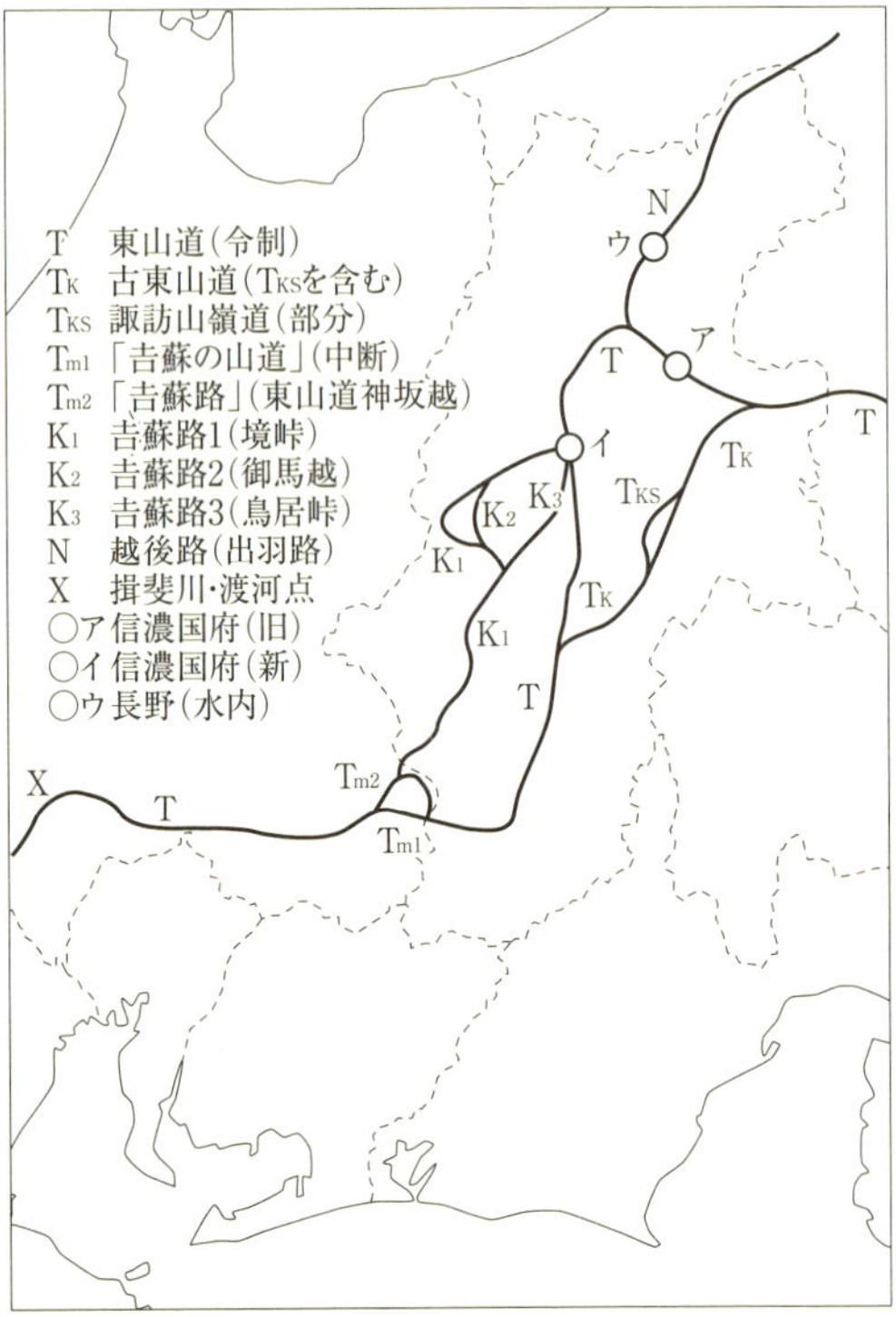

図6　古代信濃の主要道

天武代の末期に構想され、持統の時代にさまざまな努力が払われ、つづく文武の年代になって本格的に進み始めた「蝦夷地」への進出、開拓を考えるとき、その実行の保障になった重要な手段は、東山道であった。人が歩き、物を運び、沿線も含めて文化を伝え、支配を確実に広げる道には、海路ではなく、陸路でなければならなかった。その道を遠隔の地に長く先へさきへと伸ばしていくためには、高い山、乱流する川、相容れぬ他国人の抵抗と、幾多の困難が伴った。そうした困難を乗り越えてつくられた古代日本の本格的な陸路が、東山道である。

畿内から、近江、美濃を越え、信濃を通って東国にいたり、北に向かって陸奥の多賀城に至る令制の東山道は、延喜の律令でほぼ形を整えるが、それは、それ以前の短距離を結ぶいくつもの道路を一つにつないで完成したものである。

美濃西部の東山道

東山道については、信濃の史家、黒岩周平のすぐれた研究がある。その研究の足跡は美濃や上野、下野にも及ぶが、多くは信濃地内であり、また、令制下の東山道が主で、それ以前からの重要な道、たとえば諏訪道などはほとんど触れられていない。本章では、とくに美濃の部分についての欠落を少しでも埋めること、そして、美濃・信濃の国境にそびえる恵那山越えにかかわって、歴史上話題となった「吉蘇路《きそじ》問題」と、「須芳《すわ》山嶺道問題」に主な焦点を当て、律令国家の政策と、それがもたらしたと思われる信濃地方への影響などを取り扱いたい。

美濃南部や尾張東部に拡がる濃尾平野は、北と東の山地から流れ出る河川がつくった沖積地である。平野の西端の養老山麓を南北に走る断層に切られて、平野の東部は動くことなくそのままに、西南がわずかながら傾斜して沈下するという地殻構造のため、大きな河川は長期間のうちに西に流路を移動させ、現在見るように木曽、長良、揖斐の三川があい集まり、かつ乱流して、平野の西部・西南部に低湿な水郷を形成する。治水技術のひくい古代では、交通の大きな障害となった。東海道では伊勢国から尾張の知多半島や三河へわたる海路は、それを避けるために利用された。陸路を辿る場合、伊勢あるいは近江から不破の関を越えて、最初の難関は揖斐川の乱流である。揖斐川は越美の山地を南東に流れて平野に入るが、そこで西南に向かわざるをえない上述の地形のために、大きな方向転換を強いられる。そのためしばしば流路を変え、広い沼沢の湿地をつくりながら流れることになる。その障害を避けるために、不破からの道は、味蜂間（安八）郡（評）、あるいは後にそこから分離した池田郡で、大きく北に迂回してこの乱流を避けねばならない。こうした揖斐川の渡河点は、交通を制する大事な場所であり、春日部の名代が立てられたと推定され（それをめぐっては、補論で触れる）。大宝戸籍が今に残されている里である。

その里をさらに東進し、黒岩周平の研究で明らかとなった仙道という、旧道を証拠づける地名をいくつか辿って、やがて木曽川に達し、中濃と尾張東部が接する地の久久利の里に到る。現御嵩町地内である。そこを詠った万葉歌がある。

ももきね　美濃の国の　高北　くくりの宮に　日向に

行き靡ける　たわやめを　ありと利きて　わが通う道の
おきそ山　美濃の山　靡けと　人は踏めども
かく寄れと　人はつけども　心無き山の　おきそ山　美濃の山

著名な万葉研究家　澤潟久孝は
「美濃の国の高北のくくりの宮に、日に向かってたわたわと靡きゆく少女があると聞いて、私が通う道のおきそ山、美濃の山よ　この高い山を靡けと人は踏むけれど、向こう側へ寄れと人は突くけれど、無情な山の、おきそ山、美濃の山よ」と、口訳している。尾張の男がくくりの里の女のもとへ通うみちのつらさを詠んだ歌というのが学会の定説である。

この歌とまったく同じことが『日本書紀』にくわしく書かれているが、なぜか、『古事記』にはない話である。

景行紀によれば、オオキミ景行は即位後、播磨の豪族の媛を皇后とし、双子の兄弟、大碓と小碓（ヤマトタケル）が生まれるが、その直後、美濃の久久利に行幸した。その地にいると聞いた女を娶るためである。しかしそれを知った妹の弟媛は隠れてでてこない。そこに行宮を設け、策略で女《むすめ》と会うが、姉がより適任だといわれ、その姉ヤサカノイリヒメを都に連れ帰ったという。その女の父はオオキミ崇神と尾張の女の間の子ヤサカノイリヒコと伝えられており、ヤマトとオワリがこの美濃の地で出会っているという説話である。このように、美濃の地には早くからヤマトとオワリの勢力が進出した。景行の第一皇子大碓も美濃の地の別とされている。そうしたヤマト勢力の後の系譜として身毛津君《むげつのきみ》、池田首《いけだのおびと》などの名があがっており、やがて壬申の乱で、天武の勝利のために大きな活躍をすることになる。

もっとも、この歌には信濃の郷土史家たちの間で、まったく違った史話に関わるものという戦前の古い解釈がある。大正九年（一九二〇）の論考で、この歌は「元明《げんめい》天皇の美濃行幸のとき、木曾谷の奥の信濃びとがお迎えしたいと熱望したが、小木曾山も美濃の山も邪魔して行かれぬ情を歌ったもの」とされたが、今（一九五〇年）でも、それは正しく、今どきの万葉学者がおぎそ山の語を美濃の山の単なる枕ことば的に解釈しているのは「地誌に無学なものの妄論」と揶揄《やゆ》された一文がある『信濃』（「木曾路と縣坂山」2巻11号：昭和25参照）。郷土意識丸出しで、ある意味で面白いが、こうした文献解釈が、これから述べる「吉蘇路問題」の混乱(!?)を生むことにもなる。

しかしここ久久里の里から先の東方は、ヤマト勢力にとっては、疎遠の地であった。天武紀五年条に紀臣が美濃の土岐の地に配流されていたことを示す記述があるほどである。信濃への道は、もとは尾張の地を発し、美濃・尾張境いから迂回をして山越えしやすい、国境沿いの細い渓谷を遡って、治部坂経由で伊那に通じたのではないかとさえ、思える。その途中の恵那の手向《とうげ》地域には、行旅の無事を祈る祭祇遺跡がかなり見つかっている。こう推定すると、「垂仁紀」のホムチワケ皇子の段で、鳥を追った経路が近江、美濃、尾張、信濃だったことが思い出される。この伝説も、意外に古代の事実のなにがしかを反映しているのかもしれない。それに、『古事記』によるヤマトタケルの信濃を経由して尾張に帰る途中の淡々とした記述も、このコースだったら当然ということになる。タケイナダ（ネ）ヒコの不慮の死を聞いて「うつつなれや」と悲しんだという尾張の説話が残る内津《うつつ》峠は、このコース上にある。他方、『日本書紀』のヤマトタケルは、まつろわぬ信濃を平定する目的を持っており、あえて険阻な恵那山越えをしたことになる。しかし深く刻まれた狭い渓谷を長々と辿る治部坂峠越えの道は人家が稀で、地元民の重い人馬の負担が欠かせない官道とはなりがたい。官道としての東山道は、久久里をさらに東に進んで、恵那郡から伊那谷に抜ける道以外にはありえない。

神坂峠越えの道づくり

だから、律令国家が「蝦夷地」開拓を本格的に進めるためには、恵那のより低平な地を東に向かい、距離の短縮できる恵那山越えが企画されなければならなかった。その最大、かつほとんど唯一の難関が標高千五百を越える神坂峠である。二千米を越えるこの山は濃尾平野に面した高山で、気象の変化も激しく、まさに難路であった。峠を挟んだ信濃の伊那と美濃の恵那は同じイナ族ではないかともいわれ、氏族間の交流のために険阻な山道を使ったであろう。それは、現在でも恵那登山の主ルートであり、日本アルプスの命名者ウエストンが外国人として初めてこの山に登ったときのルートでもあった黒井沢で、信濃伊那の阿智と美濃恵那の郡家に近い坂本・千駄林をじかに結ぶものであったと考えるのが山の地形から見て、自然である。律令国家事業としての恵那山越えは、『続日本紀』の大宝二年（七〇二）条の「始メテ美濃国吉蘇ノ山道ヲ開ク」の記述で始まった。それは、この道の開通を待ち望んでいたに違いない持統上太皇薨去の十二日前であった。そして完成は和銅六年（七一三）七月条の「信濃・美濃二国境、径路険隘、往還艱難ナルヲ以テ　吉蘇路ヲ通ズ」である。この間、十一年の歳月を費やした。しかも、完成した道は、恵那の郡家のあった坂本・千駄林をさらに東へ進み、現在の落合を過ぎて湯舟沢の谷に迂回するものであった。恵那山を西からでなく、東に大回りするルートである。単なる推定だが、当初の黒井沢越え（吉蘇の山道）はあまりに険阻で、その計画を断念し、あらたに勾配が比較的少ない東の道（吉蘇路）に変更されたのであろう。時の美濃国司、笠朝臣麻呂の決断に違いない。

しかし、戦前の信濃の史家はそうした「いいかげんな?軽薄きわまる!」推定など、思いも依らなかったようである。吉蘇山道にしろ吉蘇路にしろ、キソは木曾以外ではありえないので、伊那を通る東山道とは別の木曽川沿いの道であるという意見が強く、さらには、大宝の「吉蘇の山道」と和銅の「吉蘇路」は同じか否かの議論をも含めて大問題となった。加えて、この論議が複雑化する別の問題が存在していた。古代の美濃・信濃の境界論争である。それについて詳しく記述しているのは、延喜元年（九〇一）に編纂された『三代実録』で、その元慶三年（八七九）九月四日条のおよそ次のような記載「信濃・美濃の国界を縣坂上ノ岑とする。縣坂上ノ岑は美濃国恵那郡と信濃国筑摩《つかま》郡との間にある。両国は古来より境界を争って未だ決まっていなかった。そこで貞観年中に役人を派遣して、現地で両国の国司立会いのもとで、旧記ともあわせて調べて決めたものである。（したがって所属を争った）吉蘇と小吉蘇の両村は恵那郡絵ノ上郷の地とする」がある。さらにそ

古来より、東山道を阻んだ恵那の遠望

の旧記とは、上の文章に続く、おおよそ次の記述‥「和銅六年七月、美濃・信濃両国の境が径路険隘で、往還に困難なので、よって吉蘇路を通じた。七年閏二月、美濃守（とその従者ら‥この部分は省略）を褒賞した。吉蘇路を通じさせたからである」。こうした調査と旧記をもとにした判定では、「今、この地は、美濃の国府を去ること行程十日余だが、信濃国府にはきわめて近い。もしこの地が信濃の地ならば、どうして美濃国司がとおく閖を超えてまでやってきて、かの道を通じさせるであろうか、という役人の判断は正しいので、そのとおり境を決めた」ということになる。

この三つ（大宝二年、和銅六年、元慶三年）の記録をめぐって、昭和の十年代に、主として信濃の諸史家の論争が雑誌『信濃』誌上で行なわれた。「両国の境界は、美濃国府（不破郡府中）から十日余の行程だが、信濃国府（筑摩）からは近い」という記述から、木曽川の最上流部のどこかの峠が当時「縣坂上ノ岑」と呼ばれたという点では一致したが、それはいくつかの峠のうちのどれか、そして、吉蘇、小吉蘇村はどこか、その村に通じる吉蘇路、あるいは吉蘇の山道とはどこの道かなどなどでは、意見が四分五裂した。その詳細を別にすれば、大きくは四つに分かれた。

第一は、大宝二年に開かれた「吉蘇の山道」は恵那山越えの神坂峠道で、それがあまりにも険阻なために、木曽川沿いに新たな道をつくったのが、和銅六年の「吉蘇路」である。その最上流に荻須と呼ばれた小集落があり、それが小吉蘇村で、その奥、木曽川の最上流を登りつめた境峠が「縣坂上ノ岑」だというもので、そこを越えた村は第二次大戦以後は安曇《あずみ》郡だが、それまでは筑摩《つかま》郡に属し、江戸時代は尾州領の北東端にあり、廃藩置県の一時期名古屋県に属した土地で、提起者の木曾林制史の研究家として知られる徳川侯爵ならではの「土地勘」だと、一時は評判になったが、国府への道があまりにも不自然に迂回しすぎるためか、支持者はなくなった。それでもこの説の眼目である荻須村＝小吉蘇村にこだわって、若干修正して、同じ木曾最上流の味噌川を登りつめた峠、かつて木曾義仲が京都攻めに使ったとされる御馬越えが「縣坂上ノ岑」だとする訂正的な見解も提起された。

第二は、「吉蘇の山道」と記述されたのは第一の説のとおりだが、「吉蘇路」は境峠や御馬越えのように小吉蘇村にこだわらないで、信濃国府への距離などの路の合理性を重視して、途中の薮原から鳥居峠を越えて、信濃国府に通じる道だとした。第一説と較べて越えやすく、また距離も短縮できるというのが根拠であった。この場合には、「縣坂上ノ岑」は鳥居峠となる。

第三の説は、神坂越えは東山道であり、それ以外に木曾谷を通ずる「吉蘇の山道」と「吉蘇路」という二本の道がつくられた、即ち前者は第一の説の道、後者は第二の説のいう道で、美濃と信濃の間には三本の官道があったという迷論を展開したわけである。

第四の説は伊那の郷土史の大家、市川咸人らの見解で、当時、東山道以外に信濃を通じる道を造ることは、能力的にいってありえないし、その文献もなく遺跡もないというもので、きわめて穏当な意見で、「吉蘇の山道」も「吉蘇路」も、東山道以外のなにものでもないということになる。しかし、その沿道に吉蘇、小吉蘇村が見当たらないなどで、多くの史家の納得はえられなかった。

以上は、信濃史学会の機関誌である『信濃』誌に掲載された諸説であるが、その総まとめともいうべき論文が、戦後の一九五〇年にだされた（一志茂樹「木曾路と縣坂山」前掲）。そこでは、古記録の文言の解釈にとどまらず、古代の遺跡の出土状況や古文化財の検討、さらに地元の古い言い伝えをも参考にされており、和銅の昔から木曾路が官道として開かれたとしても、駅伝の記録がまったくないのはなぜか、あるいは明らかな官道である東山道ですら駅伝制の負担の重さから、恵那の宿駅が衰微して、村々の怨嗟が激しかったときに、それよりもはるか人跡稀な木曾路が維持できたのかなど、いくつも問題が残され、今後の検討が必要として、穏当かつ慎重な見解を展開されたが、しかし結論的には、とりあえず、吉蘇路は東山道とは違った道で、「縣坂上ノ岑」は鳥居峠とするのが妥当であるとして、第二説を支持した。綿密な論究と道路遺跡その他がないことなど、正鵠を得た指摘がありながら、東山道とならぶ第二の信濃官道を認めたのは、そうしなければ、『三代実録』の記述が解釈できないということであったのだろうか。

信濃側の見解を紹介したが、美濃側では、どのようには考えられているであろうか。昭和四七年刊の『岐阜県史』では、とくに一つの節を設けて、吉蘇路問題を取上げ、国学者の僧契沖や本居宣長や近世尾張藩学者から現代に到るまでの諸見解を紹介し、若干のコメントを付けながら、どの説によるかを読者に任せている。関係する地元の『中津川市史』（昭和四三年刊）に執筆の郷土史家は、木曾（吉蘇）とは木曽川に沿った地方の呼称で、東山道が通る現中津川市に属する湯舟沢は木曾ではないから、吉蘇路は木曽川沿いの道以外にはありえないと述べているが、恵那郡の北部を裏木曾とは呼ぶ例もあり、いかにも粗雑な意見のように思える。『恵那市史』（昭和五八年刊）の古代部分の担当者は、『岐阜県史』での考古学者楢崎正一の見解を評価し、神坂峠の祭祇遺跡の詳しい分析などから、吉蘇路は東山道だと断定している。また、その楢崎正一は先の『岐阜県史』の「考古編」の執筆者ではあったが、そのなかで「場違いながら」とわざわざ断って、「吉蘇路は東山道である」と断定的に記述した。かつての信濃史家のように、地名のみに頼らず、自らの祭祇遺跡の調査結果を重視した点ですぐれており、注目すべき主張である。

江戸時代に遡って、尾張藩学者の松平秀雲が、藩主の命で木曽路の村々を歩き、古老らの言説などをもとにして宝暦年間に書き上げた『吉蘇志略』には、注目すべき記述がある。その湯舟沢の項で、里老からの伝え聞きとして、大井駅に隣る千駄林（現千旦林）の横を通る古道があり、縣坂を越えて御坂（神坂）に至る「御坂古道」であり、大宝二年に開かれたものだという。もちろん縣坂（縣坂上の岑か）については、信濃側が伊那郡なので問題外だが、神坂から恵那の郡家に近い千駄林に古道があったとすれば、それは秀雲が古記を調べて大宝二年のものと判断したこととともに、重要な記述である。さらに同じ湯舟沢の項に、恵那山腹北側の霧原を経て御坂に到る道があって、これも大宝年中のものだが、一時途絶え、中世にいたって再開され、鎌倉の軍が承久の乱のときなどに使ったので、通称「鎌倉街道」と呼ばれ、今でも駅逓の跡があるなどと書いている。これを東山道とすれば、和銅六年と書くべきであったが、勘違いか、あるいは大宝二年の工事の継続と考えて「大宝年中」と、あいまいにしたのかのいずれかで、「北側の霧原」といっているところから、大宝二年の「御坂古道」とはまったく別の道であることは確かである。また、駅逓跡に言及しており、官道として使われた令制の東山道に間違いない。先に私が、大宝二年（七〇二）の「吉蘇の山道を開く」と書かれた当初の東山道計画は、古くから伊那、恵那族が行き来してきた「御坂古道」ルートだったが、工事途中であまりに急峻すぎて利用に適さず断念して、あらためて東北部に迂回する東山道としての「吉蘇路を通じた」と結論的に書いたのは、この記述と、さきの楢崎見解が最大の判断材料であり、くわえて、前述の第四の信濃意見の常識性をも参考にしたものである。

信濃・美濃国境問題

しかし、ここで一志茂樹の慎重な検討でも説明できず、吉蘇路は木曾谷沿いの道だと言わざるをえなかった『三代実録』の記述をどう説明するかの難問が残る。

『三代実録』の元慶三年（八七九）九月段の美濃・信濃境問題をいくらか整理して繰り返すと、

①　以前から美濃・信濃両国で、吉蘇、小吉蘇村の帰属をめぐって争いがあり、都から役人を派遣し、現地に臨んで、両国司立会い、旧記を調べ、美濃国に属すると決めた。

②　旧記とは、和銅六年（七一三）に、吉蘇路が開通し、翌年にそれに功のあった美濃国司等が表彰されたことである。

③　「今この地」つまり立会いの現地は、美濃国府から十日余もかかるが、信濃国府からは

きわめて近い。もし係争の両村が信濃の地ならば、どうして美濃国司がはるばる閇（峠）を越えてまでして、「かの道」を通じさせる努力をしたであろうか、だから両村は美濃に帰属する。

というものである。

この①②③を一続きにすらすらと読むと、吉蘇、小吉蘇の両村が東山道沿いにはないので、「かの道」とは木曾谷に沿った道だということになる。信濃の郷土史家ならずとも、そう結論せざるをえない。

しかしこの文章は、そう簡単に一義的に読み通せるものではない。たとえば、①の「現地に臨んで」と③の「今この地」はどこか、また同じ場所か、違う場所か。境界争いをしているのだから、「現地」とは係争の両村のどこかということになりそうだが、点在する家々のまとまりとしての村はきわめて広い範囲にわたっており、「現地」は厳密には確定できない。記述からいって、京ではなく、相争っている美濃と信濃のどこかというほどの漠然としたものともいえる。しかし、③で、「今この地」の両国府からの距離が書かれていることから、信濃の筑摩郡か、そこに近いどこかということになり、「かの道」を東山道と考えても「現地」に行くことができることになる。必ずしも木曾谷の道を前提としなくてもよい。美濃の国司が峠を越えて、はるばる「今この地」にこられたのは、かつて特別の褒賞を受けるほどの苦労をして、美濃国司が東山道を造ったからで、両村が美濃所属だったためである、という役人の判断が下ったと読んでも筋は通る。とすると、この両国司立会いの裁定はきわめて形式的な儀礼に過ぎないということになる。公式決定の重さは今に至るもこの程度に軽いものに違いない。

ところで、何故両村をめぐって信濃と美濃が争ったのであろうか。人跡稀な木曾の村をあえて行政支配下におきたいというには、どんな理由があったのだろうか。国司の任務のうちで官道の維持管理はとりわけ重要である。東山道のうち、最難関の神坂越えを担当する美濃の国司にとっては、最大の任務である。加えて、恵那山越えを当初の計画どうり最短距離で結ぶのではなく、東北に大きく迂回して開通させたために、大井駅のほかにもう一つの坂本（落合）駅を必要としたので、維持負担はさらに大きくなる。さらに他に郡馬の制の負担がのしかかる。直接の山越えの坂本（落合）駅は他の東山道駅の馬十匹でなく三十四、馬糧も通常の一匹あたり藁十束が四十五束で、それらは結局負担する恵那郡の農民に重くのしかかる。さらに過重なのは馬を引く駅子の役の負担である。『中津川市史』によれば、恵那郡全体で二百五十人が必要だったところ、その役につく課丁は二百九十六人だったという。その数字はともかくとして、恵那郡農民への過重な役務は想像を絶するものがあったに違いない。布教のためにこの峠を越えたといわれる天台の僧最澄が、多くの旅人が苦しむのを身をもって感じ、峠の両側に、布施屋（救済院）をつくったといわれる難所である。この苦務から逃れるためのほとんど唯一の抵抗は、逃散である。『類聚三代格』の嘉祥三年（八五〇）段に、美濃国司の解《げ》（上奏文）が載せられているが、おおよそ「坂本と土岐の間が長く、負担の重さで駅子が逃げて、逓送に支障を来たすので、隣国から連れ戻そうとするが、なかなかうまくいかない。それらにたいして駅逓の負担をさせられるように特別の規則を検討して欲しい」という内容である。恵那郡からの逃亡先はおそらく木曾谷の奥深くであろうから、美濃国司の権限も及びにくかったので、先の措置がとられたに違いない。とすれば、両国司立会いの場も、裁定判断の理由も形式だけのものだったことが、改めて確認できる。

この裁定で事態が解決されたとは思えず、恵那の農民の多様な形の反抗は続いたであろう。さらに各地の農民の不満の高まりから、この駅逓制度が円滑に行なわれなくなり、やがて十世紀には崩壊を迎えることとなっていくのである。

地域の農民にもたらした多大な労苦といった問題はともかく、和銅六年（七一三）に吉蘇路の開通の数ヶ月後、「蝦夷地」に造られた磐舟柵の柵戸として、尾張からの開拓民が恵那山を越え、信濃の民と合同して現地に向かった。持統上太皇が高齢を押して、参河、尾張を巡行までして、越や「蝦夷地」の開発に向けての準備・調整ために払った努力は、ここにいたって、やっと成就したわけである。

しかし、東山道にかかわる信濃の道の開発に関して、さらに考察を加えなければならないことが残っている。「須芳（諏訪）山嶺道」をめぐる問題である。

諏訪山嶺道の開鑿《かいさく》

養老律令以前の令の注釈書で、貞観年中（八六九〜八七一）に編纂されたといわれる『令集解《りょうのしゅうげ》』の巻二十二　考課令の殊功異行条に、「古記にいわく、殊功とは笠大夫伎蘇道を作りて、封戸を増され、須芳郡の主帳須芳山嶺道を作りて、正八位を授けらるの類をいふなり」と書かれている。笠大夫の問題は、これまで吉蘇路問題で述べてきたとおりだが、その功績がこの例のように「超倫抜萃《ちょうりんばっすい》」の域に達する場合に、特別の褒賞を行うという令の考課基準を述べたものである。笠朝臣麻呂に類するほどの基準とされた須芳郡の主帳が行なった須芳（諏訪）山嶺道づくりとは何であったのか。諏訪山嶺道づくりはこれ以外には何も記述がなく、まったく不明で、類推にもとづく諸説があるのみであった。

仰天させられるのは、その褒賞としての昇進の程度がきわめて大きいことである。通常、郡司級の郡領への任用で外従八位下の位階をうる制度であるが、主帳は外少初位下からはじまるので、四階級の差があることになる。仮にどんなに長いキャリアがあっても、なかなか郡領級には達しない時代であるから、それをさらに二階級上回る正八位は破格の昇進となり、まさに驚天動地の人事である。よほどの律令国家政策への貢献があったに違いない。その貢献を、上役人（丞）のもとで働く一書記に過ぎない人物の主帳が、道づくりに関わって、どのようになしえたのであろうか。

須芳山嶺道とはどこかについても、確定的な見解はない。大きくは、諏訪地方と国府のある小県地方を結ぶ道（『諏訪市史』など）と、碓井峠と諏訪を結び、さらに伊那谷に通じる道、いわゆる古東山道（『長野県史』）などとに見解が分かれるが、前者は地方的意味しかもたない道で、律令制下の褒賞には馴染まないから、後者ではないかと思われる。「景行紀」ヤマトタケル物語では、タケルが碓氷峠から信濃に入り、「是の国は山高く、谷幽し。翠き嶺万重れり。……長き峰数千、馬頓轡《なづみ》て進かず」と書かれた道であろう。とするとさらに問題が増える。これは、東国から大和に到る最も古い道、古東山道であるが、詳しい実地の遺跡調査などから、ほぼ四世紀から五世紀はじめ頃にはすでに利用されていた址があり、令制度の下での郡の主帳が開鑿に関わったはずがない。とすれば、古い道の改修だったのであろうか。しかも、それがまさに異例の大抜擢に、どうしてつながるのか。謎は深まるばかりである。

もう一つ問題を解く鍵は、『令集解』が「殊功」の考課の例として挙げているのが、キソ路とスワ道という連続した道であり、二つはまったく別々の事例というよりは、一つづきのものと考えるべきものではないかという点である。須芳山嶺道が古東山道の一部（碓氷峠―佐久―諏訪）であり、吉蘇路で神坂峠を経て伊那谷から諏訪に到る道とじかにつながる。古東山道とは、大よそこの二つをつないだ一筋道なのである。そして、そのことに、「須芳山嶺道づくり」に高い功績評価をしている原因が隠されているのではないかと考えざるをえない。

以上の諸点を充分念頭において、『令集解』が述べている「諏訪山嶺道」とはなんだったのかを推定してみたい。その前に、信濃に関係した律令国家の特別の政策は何だったか、その政策に変化がなかったかについて簡単にみておく。

天武・持統による信濃進出への熱望は、明らかにめざしつつあった律令国家体制への東国の編入強化と同時に、「蝦夷地」のヤマト化の促進であった。それは、天武・持統を経て、元明の時代になってようやく着実に進み、和銅七年（七一四）に、海と海岸の湿地平野の開拓に経

表2「蝦夷地」への人的負担の変化

		西海岸（出羽）			東海岸（陸奥）		
		公民	雑民	軍兵	公民	雑民	軍兵
前期	**尾張**	◎					
	東海道	○					
	信濃	◎			○		
	東山道	○			○		
	坂東	○			○		○
	北陸	○			○		
	諸国						◎
後期	東海						
	東山						
	坂東		○	○	○	○	○
	北陸		○			○	
	諸国					○	○

備考　1.　前期は8世紀前半　後期は8世紀後半
　　　2.　◎印は本書でとくに重視したもの
　　　3.　ゴチは一国、他は複数国

験をもつ尾張の人々をリーダーとして、信濃（とくに諏訪地方）の氏族集団が越後の渟足《ぬたり》や磐舟の柵戸として大挙入植したのを手始めに、数年にして万をはるかに超える信濃や東国の民びとの移住による出羽・越後の開発が進んだ。霊亀二年（七一七）には中納言巨勢朝臣麻呂の進言で、「出羽国は土地は豊かだが、人が少なく、蝦夷も十分に馴染んでいないので、さらに近隣の民を移して、開拓を進める」ための令を発した。

　しかし、そうした大量な人民の動員による開発政策への反対や抵抗も進んだと思われ、その政策は養老四年（七二〇）以降は変更されざるをえなくなる。出羽では罪人や流民の移植が主となる。さらに同年、按察使の上毛野朝臣が陸奥の「蝦夷」の反乱で殺される事件が起きた。律令政権はただちに持節征夷大将軍を任命し諸兵を送って鎮圧した。以後、「蝦夷地」浸透の政策は出羽から陸奥に移るが、この地の「蝦夷」の抵抗もあって、強力な武力進出が主流となった。養老六年（七二二）には、諸国の国司に命じて、個人を単位とする千人を陸奥の前線に派遣した。それらは、伊勢、志摩、尾張、三河、美濃など畿内以東の諸国はもちろん、備前、備中、阿波、讃岐など西国にも及んでいた。各国の騎馬の精鋭勢力だったに違いない。また神亀元年（七二四）には陸奥の出先の根拠地としての多賀城を建設している。

こうした「蝦夷地」政策の変化に伴って、必要な兵員・輸送馬の調達とそれを陸奥に集中させる新たな道路整備が緊急に必要となった。その両方のキーポイントとなったのが諏訪地方であった。令制による御牧《みまき》の設定が始まるのは八世紀の後半であるが、それに先行して地方豪族の私牧をもっとも普及させていたのが諏訪や佐久地方で、そこは当然ながら、騎馬軍を実働させる能力も、またそれを養成する経験も全国に先駆けてもっていた。

諏訪地方はまた同時に、碓氷峠から伊那へ通じた古東山道がかつて通じていた。ヤマト勢力と東国の連合が成り立っていた当時の、人がわずかに通う道だったであろうし、荒廃も激しかったであろうが、早急な改修で、短期に兵馬道に変えることは可能であった。こうした諏訪の持つ諸要件を、緊急の「陸奥政策」につないでいくためには、整備されはじめたばかりの律令による地方組織は、まだあまりにも微力に過ぎた。しかも、信濃国府は、この道からは大きくはずれていた。信濃国府の役人からすれば、それは諏訪や佐久の局地的問題に過ぎない。前章で触れた「諏訪国」はそのための非常措置ではなかったか。『諏訪市史』は諏訪国設置に触れて、判断できる史料の欠落で現時点では何もわからないとしながらも、「中央政府が律令体制を地方に浸透させようとして取り組んだ地方組織の整備の一環としておこなわれた事業」で、十年という短期間にその実績が発揮されて終わったとされている。私は、同じ仮説をもつが、ただ地方行政一般ではなく、「陸奥政策に関わる兵馬動員」をめざす特別措置だったと思う。

都では律令政治の中心にあった藤原不比等が死に、その後、天武天皇の孫の長屋王が政治の実権を握ったのが、養老五年（七二一）の年初一月で、諏訪の分国はその直後の六月である。そして、その長屋王が謀反の疑いを掛けられて自殺したのは、天平元年（七二九：正確にはまだ改元されていないので、神亀六年というべきか）二月であった。諏訪が再び信濃に編入されるのは、天平三年（七三一）三月である。諏訪の分国は長屋王の治政と関係があるように思えてならない。長屋王は聖武天皇の后宮子の称号問題で対立した不比等の子武智麻呂一味の讒言《ざんげん》で自殺に追い込まれたことは、歴史に名高いが、彼は不比等のバックアップで、異例の昇進を果たし、能吏であり、かつ当代きっての文化人で漢詩をよくした人物として不比等に協力して律令の整備に尽くし、その実行においても、いわば進取派を貫いた。ただ、不比等が同じ立場ながら、現実に即した柔軟性を持っていたのに対して、長屋王は、天武の血を引いてか、即断、剛直の性があり、それが讒言問題の遠因とさえ考えられるエリートであった。養老四年（七二一）の「蝦夷」反乱に際しては、ただちに持節征夷将軍の派遣を決め、全国から騎馬の兵千人を派遣（養老六年）し、また神亀元年（七二四）の陸奥大掾《だいじょう》殺害のときは、東国の三万の軍師を派遣して、これを鎮圧させている。「いずれも敏速な軍事的対応をしており、長屋王が最高政務担当者として機敏な対処をしている」と史家の評価は高い（森田悌『長屋王の謎』河出書房新社）。

しかし、律令政治の地方への定着という点では、この剛直さはいくらか問題となる。長屋王がとりくんだ政策の中で、救乏措置や開墾奨励などは、積極的な意味をもちながら、それを普及するに当たっては、地方の国司・郡司らを重用するのではなく、按察使を通じて、主として上からの強行管理・監督を用いた。彼が政務を指揮した養老五年から神亀六年まで、『続日本記』には、諸国の国司任命の記述は一度もない。まさか、なかったとは思えないので、ほとんど重視しなかったということであろうか。それにたいして、按察使の記述は数多い。新たに分国された諏訪は、飛騨とともに、美濃按察使の支配下に置かれた。その美濃国司であるが、その前年異例に長期の美濃国司だった笠朝臣麻呂は右大弁に転じており、新たな国司人事は記述なく、わからない。しかし、都の長屋王の方針はそのまま諏訪地方に押しつけられたことは容易に推定できる。そのための任を持った役人が派遣されたかもしれない。あるいは、天武天皇の筑摩の行宮と、それを管理する組織は残されていたであろうから、そこがこの特別措置執行のセンターとなった可能性は十分にある。いくらか極言だが、中央直轄的な諏訪国の成立である。

牧の経営や騎馬軍の養成は、すでにその経験をもち、諏訪地方に大きな牧をもつ金刺氏族一統によって速戦的に実行され、陸奥へも送られたであろう。そうした過程から作り出された律令国家の牧制度が整備され、天平神護元年（七六五）には内厩寮が設置された。その下での第一号の御牧は信濃牧で、その管理に当たる主当は伊那郡大領の金刺舎人八麻呂であった。信濃牧の経験はやがて東国や甲斐の各地にも広がり、陸奥政策の推進の主力はそこへ移されていくこととなる。

古東山道を諏訪山嶺道として、大規模な兵馬を通行させうる道に改修する事業も、それと並行して急ぎ着手されたに違いない。もともと古東山道は、ヤマト勢力が東《あずま》の国、とりわけ毛の国（上野・下野）に進出して、連合関係を結んだ、おそらくは四世紀ごろから、ミヤコのあった大和や河内地方とあずまとを結んだ高峻な山岳地帯をつなぐ細々とした、しかし重要きわまりない道であった。植民・開発のための大規模な軍事力は、海上を併用した東海道《ひがしのうみのみち》が使われたであろうが、それはしばしば海難に遭遇する危険な道でもあった。ミヤコの政治勢力が、東国との同盟関係を通じて、そこを管理・支配するための重要な政治的任務をもった高級びとたち、あるいはそれに応える東国の豪族首長たちが行路として選んだのは、より確実な陸路だったはずであり、その意味で古東山道は貴重な「政治の道」であった。険しい他国への峠を越えるたびに、異国の神に無事を祈り、また安寧を喜び祝う祭祀が繰り返されたであろうが、その遺跡の発掘を頼りに、古東山道の径路はほぼ明らかにされている。そのかなりの部分は、後の官道としての東山道に重なるが、諏訪を通る前後の部分は、図６（一二四頁）で見られるように、まったく異なっている。

この部分の正確なルートの解明は、長野の地方史の大家、一志茂樹の丹念な考古遺跡の採取にもとづく研究を踏まえて、それを地域の実態に照らししつつ、長きにわたつて道なき山を独力走破してえた押野谷美智子の研究によって実現された（『信濃』49巻12号「古東山道の発見と須芳山嶺道の発見」）。その道は諏訪郡主帳という、いわば地方の小役人がもっとも力を発揮

浅間山の噴火（昭和 48 年 3 月 10 日　峰の茶屋から）『軽井沢町誌』Ⅰ．自然編より引用
碓井峠を越えて眺める浅間の穏やかな山容に心は和む。しかし爆発のすさまじさ、被害の大きさは想像を越え、その歴史記述も多い。

しうるように、古東山道よりもより多く諏訪郡内を通じていた。開鑿全時間の早さはそのことに依ったのであろうか。このルートの発見が、求められていた緊急性を担保しえたのである。そしてそれこそが考課基準の「超倫抜萃」の域に適ったものであった。

　この古東山道を解明する手がかりを明らかにする別の研究もある。古道と官道が重なる恵那山越の阿智・神坂峠は、大規模な祭祀のなされた場所であることが、遺跡の発掘調査で知られるようになったが、その結果によると、祭祀が頻繁に行なわれたのは、古代では二つピークがある。最初は四〜五世紀で、畿内産の精巧な石製器具の摸造土器が目立つ時期で、中断をはさんだ第二の時期は八〜九世紀の美濃など地元産の粗製祭祀土器だったことが明らかにされた。この考古学的成果によって、第一の時期は、上級人がみやことあずまを往復した古東山道の通行者であり、それが五世紀から三百年ほどの中絶を経て第二の時期となるが、前述の恵那山越えの開鑿とともに官制の東山道が開かれた時期と一致しており、新たな大量の交通者を迎えていることが明確に証明されたのである。このことは同時に、諏訪を通じる古道は、五世紀以降途絶えて、使われなくなっていたこともわかったのである。

この古道は、信濃の国府を通らないとはいえ、尾張、美濃以西の国々と東国とを結ぶ最短の道であり、緊急で短時日の兵馬の移動に対応できるルートを通っていた。古東山道のうちの「諏訪山嶺道」と呼ばれている部分の拡大・改修は、西国を含む広域からの対蝦夷軍事動員のために、緊急を要する制度整備間もない律令国家にとっての最重要事業であったであろう。にもかかわらず、それが国府所在地を遠く離れるコースのために、実際の作業を進める地元の信濃の国役人にとっては、取り組みにくい事業でもあった。しかも通路となる信濃国の佐久地方から上野国にかけては、金刺氏族とならぶ信濃の古くからの名門の他田氏族の勢力範囲で、それが関係をいっそう複雑にしたかもしれない。中央が任命する地元に馴染みのない信濃国司の有効に対処しうるものではなかったに違いない。これらの困難な実行業務を担当したのが、『令集解』で「殊功」の例として示された、中央直轄的に分割された諏訪国の「須芳郡主帳」

である。それはただの郡主帳ではなく、律令政府の意向を戴して高い権威をもっていたためなのか、粘り強い交渉持続のせいなのか、あるいは地利に通じ、すぐれた実行技術の巧さなのか、おそらくそれらすべてのおかげで、古東山道の兵馬道への改修は、遅滞なく、円滑に進行することとなった。

古東山道が新たな兵馬道として改修を終えたのは何時か、これも推定でしかないが、ほとんどがその道を使って陸奥の地に向かわざるをえない国々からの千人にものぼる騎馬軍士が派遣された養老六年（七二二）八月には出来上がったのではないか。とすれば、諏訪分国からわずか一年二ヵ月、まさに異常ともいうべき速さである。重ねてくりかえすが、こうした異常さをよく担保できたからこそ、郡の下級の書紀に過ぎない、『令集解』では「氏姓」も記録されない一郡主帳が異例の褒を受けたのである。

諏訪国設置という特別措置は十年で終わっている。「陸奥政策」に必要な当面の緊急事業はそこで一段落した。諏訪山嶺道は造成・補修され、信濃や西国一帯からの兵馬輸送の目的は達したが、やがて兵站基地が東国に移るとともに、その意義は減少した。そして、それを指揮した長屋王は自殺して果てた。再び始まる藤原家の政治は、長屋王の施策の消去に躍起だったに違いない。そうした過程を経て、延喜式で明らかにされる東山道は、この道を使うことなく、信濃の旧国府の小県、新国府の筑摩を通るルートで整備されていった。それから二百年足らずの年月を経たに過ぎない延喜の時代には、「諏訪国」も、須芳山嶺道も、それらの内容を後世に示すべき記録とともに、すっかり消され、長屋王の業績もあわせて、忘却の国へと送り込まれてしまっていたのである。だから、それを確認する資料は、残されなかった。

こうした歴史の裏を秘めながら、信濃遷都（副都づくり）がめざした天武・時統の「東国・蝦夷地」政策は、本書の各章で検討してきたように、尾張、参河、美濃の各地勢力やその支配下の人民を動員させながら、実を結び、実効を挙げたことは確かである。もっともそれが、各地とそこの民びとにもたらしたものは、すべて繁栄としあわせというわけではなかったことはいうまでもない。それをもっとも端的に示しているのは、万葉の防人歌である。出羽や陸奥へ人や馬を送った道は、今度は東国から難波の港を経て九州に送られた防人が数多く辿った道である。信濃びとの歌　二首を紹介しよう。

ちはやぶる　神の御坂に　幣まつり

いわふ命は　おも（母）父のため
主帳　埴科郡　神人部子忍男

から衣　裾に取り付き　泣く子らを
置きてぞ来ぬや　母無にして
小県郡　他田舎人大嶋

恵那山の神坂峠には、全国有数の祭祇遺跡がある。祀られた遺物に託された思いはなんであったか。

その思いに共感できる都びとは稀でしかなかったであろう。その稀な一人は万葉集の編者ともいわれる大伴家持である。かれは、防人を各地から九州の地の送る役の兵部少輔の職にあったとき、難波江の港で長い「防人の別れを悲しむ情を陳べる長歌」を自身で詠んで、万葉に残している。そのながい長歌の終わりを、

うつせみの　世の人なれば　たまきはる　命も知らず　海原の　畏き道を　島傳ひ　い漕ぎ渡りて　あり回り　吾が来るまでに
平らけく　親はいまさね　障無く　妻は待たせと　住江の

吾がめす神に　幣奉り　祈り申して　難波津に　舟を浮け据え
八十楫貫き　水主調べて　朝開き　吾は漕ぎ出ぬと　家に告げこそ

と結んでいる。

この部分の口訳を、『万葉集注解』（澤寫久孝）より引用する。

「この世の中の人間なので、命のほどもわからず海上の恐ろしい道を島伝いに漕ぎ渡り、そしていき回り　そして私が帰ってくるまでに、平安で親はいらっしゃい、災難なく妻は待ってゐなさいと、住江の神に幣を献じ祈り申して、難波の港に船を浮かべ据えて、たくさんの楫を取りつけ、船人をそろえて、朝港を立ち私はこいでてたと家に告げてください」。

『万葉集』が古代の日本文学の中でも、すぐれて高い評価をえつづけているのは、こうした人の心を静かに、やさしく受けとめられる傑出した選者をえたことによることが、大きいのではないか。

第5章

諏訪社の地に仏が遷座した話のウソとまこと

——長野善光寺建立をめぐる真実を探る

代々皇帝御安置次第

一　志奇嶋御宇　欽明御事
二　訳語田宮御宇　敏達天皇御事
三　池辺雙槻宮御宇　用明御事
四　倉橋宮御宇　崇峻天皇御事
五　小墾田宮御宇　推古天皇御事
六　飛鳥岡本宮御宇　舒明御事
七　飛鳥板葺宮　皇極御事
八　難波長柄宮御宇　孝徳御事
九　後岡本宮御宇　斉明御事
十　近江宮御宇　天智天皇御事
十一　飛鳥清御原宮御宇　天武御事
十二　藤原宮御宇　持統天皇御事
十三　奈良宮御宇　文武御事

右仏像従百済国渡来日本　所経代々天皇並十三代御安置次第相続不絶御事尊者也

『善光寺縁起　第四』

天保年間の本で善光寺雑記ともいうべき『芋井三宝記』には、「この神社（諏訪社のこと：引用者）のあった地に善光寺如来を移し」と書かれ、また『諏訪大社考』にも「其御社の地へ仏を迎え、善光寺と号し……」と記されている。れっきとした善光寺や諏訪大社についての縁起・由来書に共通して書かれていることから考えて、諏訪社の地内に善光寺仏を遷座させたことは、間違いないようである。もっともこの諏訪社とは、現長野市城山《じょうやま》にある諏訪別社《すわわけしゃ》（建御名方富命彦神別社）のことだ。それにしても、この謎めいた話にたいして、「誰が、いつ、どうして……」という数多くの疑問がわく。本章ではそれを検討する。しかしその前に、諏訪について、考えておく必要がある。

ヤマと文化の浸透

本書が舞台としている尾・参・濃・信は、日本の中央に位置して、日本を東西に分けて、東日本、西日本とした場合、信濃は別として、どっちに入れるか、戸惑うところである。分ける理由によって、東だったり、西だったりする。もう一つ、この舞台は日本列島でもっとも幅が広く、通行を妨げる険阻な高山がそびえるところで、そこを日本の幹線としては唯一の本格的な山の道である中仙道（古代は東山道）が古くから通じており、東海、北陸、西海といっ

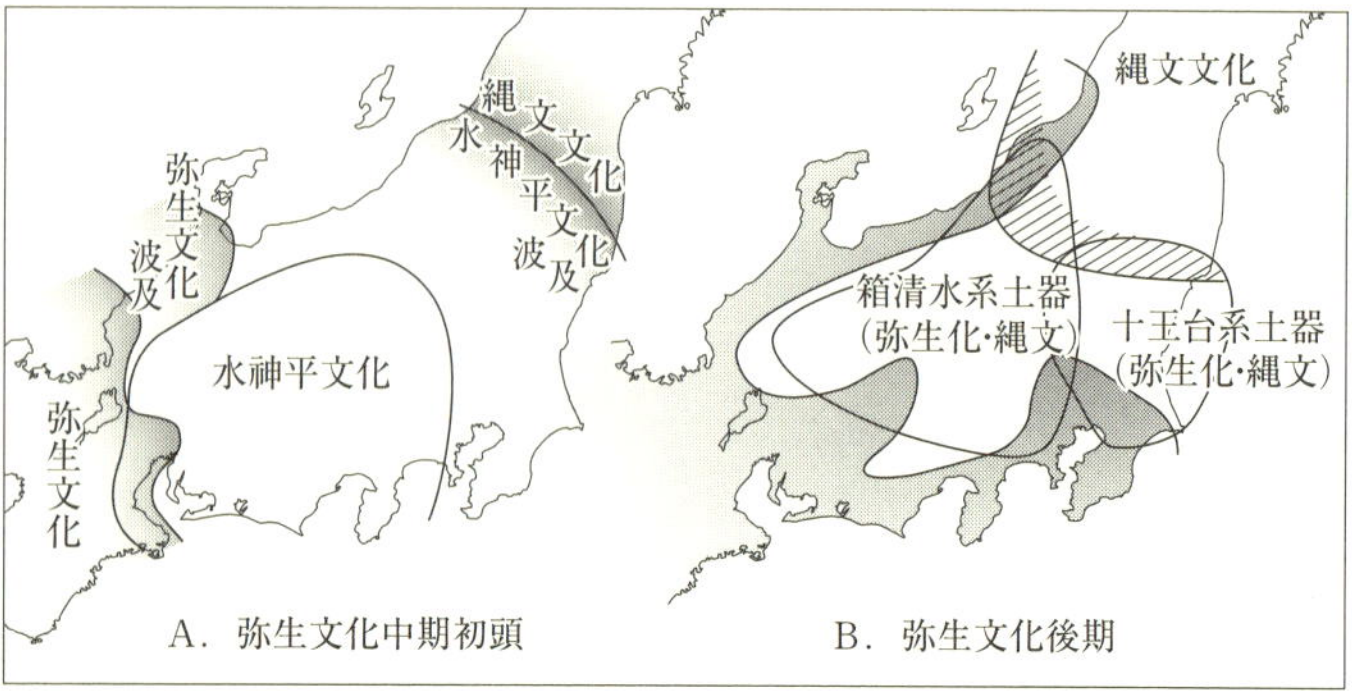

図7　弥生と縄文の攻めぎあい（岡本孝之「攻める弥生退く縄文」『新版古代の日本⑦中部』所収の図に基づいて作図）

た他の幹線が海の道であるのとは違って、独特の生活文化が見られそうなところでもある。古代をもう一つ遡って、原始の時代でいえば、大陸の影響をいち早く受け入れ、稲作という進んだ農耕文化をを基底とした「弥生文化社会」と、それ以前から日本に定着していた「縄文文化社会」との接触が、いちばんはっきりと確認でき、またその接触がどう移りかわっていったかを確かめられるところでもある。それを素人目にもはっきりわかるように示してくれるのが、岡本孝之「攻める弥生　退く縄文」（『(新版　古代の日本　中部』角川書店所収）に掲げられた図をもとに描かれた図7である。ほぼ一～二世紀と見られる図Aには、弥生と縄文の接触は、越前から、美濃や尾張の西部である。それが、三世紀ごろを示す図Bでは、北と南の海岸地帯の沿って、弥生が急速に東へ進み、縄文文化を示す線は、越後西部と関東北部を結ぶところまで後退している。岡本説の当否を問う資格はないが、この二つの図はまさに、進む弥生であり、退く縄文だったことをわかりやすく示してくれ、すぐれたものである。

この二つの図が示してくれているのは、それだけではない。図Aで、いちはやく弥生文化を受け入れた尾張・美濃西部の地域は、同時に縄文が弥生化した水神平文化圏にも属している。その水神平文化は、中部から関東の山岳地帯に広く拡がっている。先進的といわれる弥生文化を受け入れるとき、土着の縄文文化を一気に消し去ってしまうのではない。縄文は弥生の影響を受けながら根づよくその性格を残しているさまが読みとれる。その根強さは、さらに図Bでもっとはっきりする。尾張・美濃の弥生文化は、伊那谷に進出し、諏訪近くにまで達している。しかし、信濃、飛騨の中部山岳一帯には、櫛画文や鮮やかな赤色に彩られた独特の土器を伴う箱清水系の弥生・縄文文化が、また関東一帯では十王台系と呼ばれる縄文風の土器をもつ弥生文化が広範に存在する。岡本は「西方の弥生文化にそのまま影響されて受け入れるのではなく……独自の受け入れ方があり、その姿勢の背後に縄文の文化の伝統をみてとることができる」と解説している。

信濃の箱清水文化圏は、さらに下って古墳時代にはどう変わっていったのか。大和に集中的に存在し、ヤマト勢力の影響範囲を知る指標の一つになっている大型の前方後円墳の最初の出現は、信濃北部、千曲川中流の更埴から水内地域である。千曲水系の豊富な水と広い沖積平野が稲作農業を広域に普及させたことが、強大な地方豪族を生み出し、その権力の象徴としての巨大墳墓を造らせたのであろうか。その勢力が信濃国造を祖とする金刺、他田などの氏族として歴史に現れてくる。そうしたヤマトの影響は、いち早くヤマトやオワリの勢力と関係を結んだ毛国（上野＝群馬・下野＝栃木）地方から碓井峠越えで受けたように思える。あるいは、伊那谷を北上した尾張・美濃経由も加わったかもしれない。さらに、日本海によって西方との交流の多い越《こし》から信濃川などをさかのぼっての進出も考えられる。それら三つが合流するのが水内《みのち》であり、更埴《さらしな》である。古墳建造の年代からいって、五世紀頃である。

次いで目立つのが、五世紀後半から六世紀はじめにかけて造られたとみられる伊那の古墳群である。前方後円墳の規模は大型が影を潜め、中・小型化するが、埋蔵された副飾品は畿内の影響を感じさせる精巧なものが多くなる。河岸段丘が発達し、まとまった耕地をえにくい伊那の地形のせいで、大豪族が生まれにくかったためか、あるいは古墳が小規模化するヤマトのより新しい文化の影響が強かったためか、定かではないが、尾張・美濃からの影響がうかがわれる。

水内の土地柄

そして最後に、六世紀中ごろからはじまり、七世紀にまでつづく諏訪地方の古墳づくりである。伊那のそれと比べて、前方部がいちじるしく長く、後円部とのアンバランスが目立つ形式を特徴としているという。なんらかのこの地域の土着性と関わりがあるかもしれない。

ところで、大和の政治権力が、その支配・影響圏を広げ、律令を整備して、ゆるく連合体制で組み込んでいた諸国の支配豪族を官僚化し、直接的な支配力を強め天皇を頂点に絶対的な権力をもちつつある時代に、信濃、もっといえば諏訪地方はその固有性、土着性を持ちえたであろうか。前章で、信濃からの諏訪の分国が、この地方の独自の文化性によるのではないかという説があることに触れたが、果たしてどうか。

結論的にいえば、文化性はともかく、政治的独自性はほとんどもちえなかった。その検討に移ろう。先ず、取上げたいのは、独自性の象徴ともいうべき諏訪地方の神である諏訪神社が、ヤマトの秩序への編入を受けいれたことである。政治的安定を得て、国内の統治支配を強める天武天皇の関心が農を安定させ、民の暮らしを平穏に維持することに向けられ始めた。とはいえ、いかんともしがたい自然の災害を防ぐ術をもつわけではなく、ただ神への祈りを通じて、その猛威を避けること以外にはなかった。天武四年（六七六）からほぼ毎年、行なわれるようになった大和の土着の神、竜田の風神、広瀬の水神に使者を遣わし、祈りを通じて渇水災害や風水害の災難からの守護を願うことは、最も重要な国家的行事となった。整備された神祇令で孟夏（四月）、孟秋（七月）の竜田、広瀬両神への祭祇が決められ、さらに後の延喜式では、どちらもその月の四日、両社同時におこなうことが定められた。『日本書紀』にも、天武、持統の治世下で、天武のモガリの期間を除いて、毎回の記載がなされている。もちろん両社とも、後の延喜神名式に名を連ね、早くから、国の手厚い保護のもとに置かれている。

その定例の儀礼化された祭りが、持統五年（六九〇）に限って、竜田、広瀬での祭祇以外に、しかも八月という異例の月に、竜田風神とならんで信濃の須波《すわ》、水内の二ヵ所で行なわれた。この意味することとは何であろうか。「持統紀」の五年条に、四月から六月にいたるまで雨が降りつづき、特別の詔が出されたことを記している。「懼るらくは必ず稼《なりわい》を傷《やぶ》りてむ」。神を怒らせた誤りごとがあったに違いないから、公卿・百官は禁酒し、心静かに悔い改めよ。寺の僧たちは五日間経を読めと命じ、また大赦を発している。まさに異常天候の年であった。その神の怒りを鎮める特別の祭祀のために、なぜ諏訪、水内の神が選ばれたのか。水害がとくに信濃がひどかったのだろうか。『紀』の記述ではとくに信濃の災害とはいっていないので、おそらく畿内を含む広い地域での現象であろうから、信濃の神への祭祇は、災害とは別の特別の意味と意図があったに違いない。

他にも、当時の諏訪の動きを示す伝承がある。先に孝徳四年（六四八）越後と「蝦夷地」の境に磐舟柵《いわふねのき》をつくり、越後と信濃の民を選んで、柵戸を置いたという『日本書紀』の記述を紹介した。それは、現在の新潟県の北蒲原の地であるが、今、その地方の中心の新発田市で総社ともいわれる諏訪神社に伝えられる縁起によれば、磐舟の柵戸として移住してきた信濃の民が、故郷の諏訪神社の分霊を勧請《かんじょう》して祀ったのがはじまりとのことであり、諏訪地方からヤマト政権の植民政策にしたがって、大規模な移住があったことを物語っている。当時の社会状況を考えると、移住が分散的でなく、氏族のまとまった集団移住だったと思われ、諏訪の代表的な豪族で、諏訪神社の大祝《おおはふり》を務めていた金刺氏に属する氏族累系のうちの、ある部分だったに違いない。新潟の見付・栃尾地方も、まとまって諏訪神社の多いところで、別の諏訪の氏族の開発移住があったかもしれない。そうした活動を通じて、金刺氏は経済活動が活発な水内に諏訪の神の別社を造り、ヤマト政権への積極的協力で、勢力の拡張を図ったのではないか。その金刺氏の祖に深く関わる二つの神社への風水害救済のための異例の奉祀は、この有力氏族に対する持統天皇の特別の恩賞ではなかったか。二社への祭祀は、そう考えなければありえないほどの、異例の出来事である。
諏訪にある諏訪大社は、風の強いその地の特徴のためか、風神とされ、その年の異常天候の多雨災害とは関係ない。水内の諏訪の別社は、千曲川、犀川が合流し、さらに裾花川も流れ込む土地柄からいえば、水神といえなくもない。しかしそう呼ばれたという話は伝わっていない。それどころか、水内地方では、建御名方富命彦神〔諏訪〕別社の存在はほとんど知られておらず、平安に始まる神階叙位にも名前は出てこない。その神社が、水神として広瀬の神に比定されたとすれば、いかにも牽強付会の感があり、祖神への奉祀を通じての金刺氏への抱きこみ手段としか思えない。しかしそれは一つの面で、他のもう一つの面では信濃、とくに諏訪の律令国家への組み入れ政策であることは、いうまでもない。

越後から分離して成立した出羽国の開発は、その後の和銅から養老年間に進められ、信濃や東《あずま》の国々からの民びとが多数動員されたので、水内の地は人の移動・往来も激しく、商業活動も活発化したが、またそれによって生じる社会的混乱、たとえば貧民、流民の発生や集中が見られるようになっていったことが想定できる。そして、いままで氏族の枠の中で、祖と信じる氏神を中心に暮らしたり、統制されてきていた人々が移動を強制され、新たなよりどころとしての仏教の必要性を高めてきていた貧民、流民が多く集まった信濃の地としては、水内が第一だったに違いない。

人民支配の重要な手段である氏族の祖神への祭祗結集とならんで、仏への崇拝が大きな意味をもちはじめたのは天武期以降である。天武十四年に「諸国、家ごとに仏を奉り、経を称えて、礼拝供養せよ」という詔は、もちろん豪族にたいして発せられたもので、氏族繁栄を祈る崇佛のすすめ、ひいては国家安寧への祈りを広く求めたものではあるが、仏教とともに伝えられる道教的思想の影響もあって、国家、氏族を構成する戸や個の安定・救済という教えをも伴うものであった。賎民化、流民化が『紀』に記述されるほどだった持統の時代に、「朕も先の天皇と同じ思いであり、謹んで仏法を奉れ」（持統五年）との崇佛奨励の強調があったのは当然である。それは、信濃のような地方の豪族たちにも影響していったであろう。水内の地に善光寺が遷座される社会環境である。

『善光寺縁起』は歴史資料たりうるか

ところで、善光寺の由来についてまとまったものとしては、『善光寺縁起』のほかにはほとんどない。そしてそれが説く善光寺の信濃建立の話は、およそ真実のものとは信じられない。

善光寺

本尊は数々の奇跡を起こしながら、印度から百済を経て欽明朝にもたらされた日本初渡来佛である、とされる。推古七年（五九九）に、身元が不明の信濃伊那の本多善光なる男が、国司にしたがって都に行き、三年を経て帰るとき、難波の堀江で仏像を発見して持ち帰り、自宅の庇に置いてあった石臼の上に安置し、礼拝し、村人ともども崇拝していたが、皇極元年（六四二）に、佛命により水内の地に移したというものである。この仏の起こした奇跡のなかに次のような話がある。

「善光が自分の子供の生死をさまよう病を快癒するよう、この仏に祈ったおかげで現世に蘇生したとき、仏道への信心が薄かった皇極天皇が地獄への道を歩まされていたことがわかり、善光父子の必死の祈願に感じた仏の救済で、帝の病が回復した。そのことを知った天皇は、父を信濃国司に、子を甲斐国司に任じた」というものである。荒唐無稽《こうとうむけい》のきわみだが、佛力の大きさとそれへの帰依が幸せをもたらすという説話であり、いかにも『縁起』本だと納得する。この本尊への源頼朝の帰依により、その後の戦国の武将の争奪の対象となり、甲斐、美濃、尾張、遠江を経めぐり、京都で

年次	『縁起』巻3	『縁起』巻4	歴史事項
552　欽明13	秘仏百済より伝来　蘇我本家に安置	同	仏教伝来
587　崇駿1	物部守屋により破棄	同	蘇我・物部の争い
601　推古10	本田善光により信濃へ（元善光寺）	都に残置	蘇我本家滅亡
642　皇極1	佛命により水内へ（長野善光寺）		
654　白雉5		都（飛鳥）に佛殿つくり安置	孝徳即位　653「大化の改新」
697～706		佛像　信濃金刺氏に下賜	東山道恵那山越完成　702
768　神護景雲2		水内諏訪別社地内に安置（水内善光寺）	国分・国分尼寺建立の詔　743 都（奈良）仏教盛ん

表3「善光寺縁起」による長野（水内）善光寺建立の経緯

秀吉の厚い保護を受けながら、その死後は家康の手で再び信濃に返されて以後は、寺院の維持を一般庶民に依存せざるをえなくなったために、庶民受けのする潤色が重ねられた結果の産物として伝えられる「縁起」の内容としては、当然かもしれない。いささかでも史実とつながるものはない。

そのために、善光寺設立については、『扶桑略記』や『伊呂波字類抄』のような、鎌倉時代以前の文献に現われる善光寺記述のほうが検討に値するといわれている。『仏教大辞典』も、『縁起』によらず、『扶桑略記』の「秦巨勢大夫なるもの像を水内郡に移安す」という記載や

『伊呂波字類抄』の「信濃国若麻績東人なる者、像を本国麻績村に安置し、後、皇極天皇元年大和国高市郡明日香長老東人（若麻績東人と同人ならん）、之を水内宅庇に移す」を紹介して、これらが正しいのではないかと解説している。

しかし、それらも結局は奈良時代には成立していたとの説がある『善光寺縁起』によるところが多いためか、矛盾あり、意味不明な記述ありで、多くを信じるわけにはいかない。たとえば、『伊呂波字類抄』は、焼失したかつての掲額の文字を紹介し、「斯仏像、日本国に渡り至り、歳を経て積ること、併せて弐百拾陸歳の中、京底に流転の年数五十歳、信濃国に請い降り、年数を経ること一百六十六歳の仏……」としており、水内の地への遷座は、もし百済からもたらされたものとしてそこを出発の時点とすれば、神護景雲二年（七六八）となる。しかし行を変えて次の文章では、「推古天皇十年（六〇二）……麻績村に……据え奉る。四十一年の礼拝……皇極天皇元年……長老の東人、水内の宅の庇に渡し奉り……」とあり、計算するとその皇紀は、西暦で六百四十二年となる。この皇紀年は『善光寺縁起』のそれと一致するが、前文の西暦七百六十八年とは大きく食い違う。それでも『長野市誌』は、これらに種々考察を加えて、補正し、皇極元年に長野市域に建立された善光寺建立の事情を描いている。

しかし、常識的にいって、皇極元年の時は、大和の大王家はじめ大豪族の崇佛気風高揚の時代で、由緒ある仏像が、都を離れて遠路はるばる信濃に運ばれるとは考えにくい。地方に本格的な仏像崇拝が広まるのは、やはり天武期以降であり、寺院建立などは、たとえ壮大なものでなくても、国分寺、国分尼寺建立が令される聖武期前後ではなかろうか。かくて、『善光寺縁起』やその引用の文献にもとづく善光寺建立の史誌研究は問題にならないというべきであろう。

しかし、『信濃史料叢書』が収録している『善光寺縁起』には第四巻がつけられており、前様の記述が縷々述べられる第一から第三巻までとは、形式、内容ともに大きく違っている。それは、断片的な古い縁起とも思われる短い雑文が、ほぼ年代順に並べられたもので、古い言い伝えをあまり手を加えることなく記録したものではないかと思われる。その中には、聖徳太子が本尊佛と文を交わしたというような荒唐無稽な事項もあるが、いくつかはかなり史実を伝えていると思われるものもある。例えば、「大風震動不破寺塔事」には善光寺の在る水内地方の社寺や樹木・住居が天平宝字六壬寅年（七六二）の大風と地震で大きな被害を受けたが、善光寺のみは被害が少なかったと書かれており、その日付は『続日本紀』の記録と旬日の違いがあるとはいえ、情報の流れが滞りがちな当時では許される誤差の程度で、ほぼ一致していることなどである。もっともこの年は善光寺建立年（神護景雲）説に数年先立っている。

そこで、『縁起第四巻』の頁を追っていくと、注目すべき二つの項に目がとまる。一つは、

「代々皇帝御安置之次第」（冒頭の文）と「造宮殿懸戸張事」である。最初の項には、善光寺本尊といわれている仏像が、百済よりこの国にわたってきて以来の保存・安置に関わったとされる天皇の名が、欽明以後文武までの十三代にわたって列挙され、「仏像百済国より日本に渡り、経るところ代々十三代、併せ御安置次第相続き、絶えざること尊きことなり」と書かれている。『縁起第三巻』に仏像が欽明の代に難波の堀江に廃棄され、推古代に本多某に発見されて信濃に運んだという説話とはまったく反する。もしこの「御安置之次第」が正しいとするならば、善光寺佛は八世紀のはじめまで、都に置かれていたことになる。

次の項の記述内容はさらに面白い。内容を略記すると、「欽明代から孝徳代までの百年余は宮殿に置かれ、戸張（帳か）もなく、あらわに拝見できたが、白雉三年甲寅年（干支で判断すると白雉五年が正しく、この文章を引用している『善光寺道名所図会』では五年に訂正している）に、如来像の前に戸張（帳）をたてて、不善造悪の輩から隔離せよとの仏のお告げがあり、急ぎ宮殿を造り、とばりした。このことを聞きつけた都鄙貴賤の輩が、如来を親しく拝観できるのは今だけだといって、大挙つめかけた」というのである。つまり、白雉五年（六五四）までは、安置の仕方がぞんざいで、宮中の片隅に放置され、多くの人の目に触れていたが、それ以後は特別の安置の宮殿を造り、その内部に奉ったので、人目に触れられなくなったというわけである。第四巻は概して鎌倉より後代、おそらく江戸初期の市井人による文体を思わせ、年次の誤りもあり、きちんとした考証を経て利用されなければならないであろうが、江戸中期の『善光寺道名所図会』の作者が引用していることを考えると、その当時に善光寺にかかわって流布していた口伝をまとめたもので、第三巻までのように潤色に潤色を重ねたものではない時期の口伝を文章化したものではないかと思われる。

さらに、この「造宮殿懸戸張事」の項の内容は、他の史実と一致して興味深い。白雉五年は阿倍左大臣が死に、右大臣蘇我石川麻呂が中大兄皇子によって自殺に追い込まれた年である。『日本書紀』のこの年の四月条に、巨勢徳陀古臣が左大臣、大伴長徳連が右大臣に任じられたと記載している。この両者は、以前蘇我本家に仕えており、廃絶前後の蘇我家の事情にくわしいはずで、たとえば焼け残り、無造作に宮中に置かれていた蘇我秘宝の仏像であることを知っていた可能性がある。善光寺佛が蘇我の秘仏か否かは知る手段もないが、「乙巳の変」で蘇我入鹿が刺されたのは皇極天皇の目の前であり、それへのうらみ深く、地獄行きを書くなどの『縁起』の作者の筆から推定して、そうだった可能性はある。『扶桑略史』にでてくる秦巨勢大夫がこの新左大臣と思われるが、彼は秘仏の尊貴な由来を知っており、大臣就任の後、その保護のために特別な安置の措置をとったとも考えられる。そしてそれは、文武天皇の代（八世

善光寺全景絵図（部分）

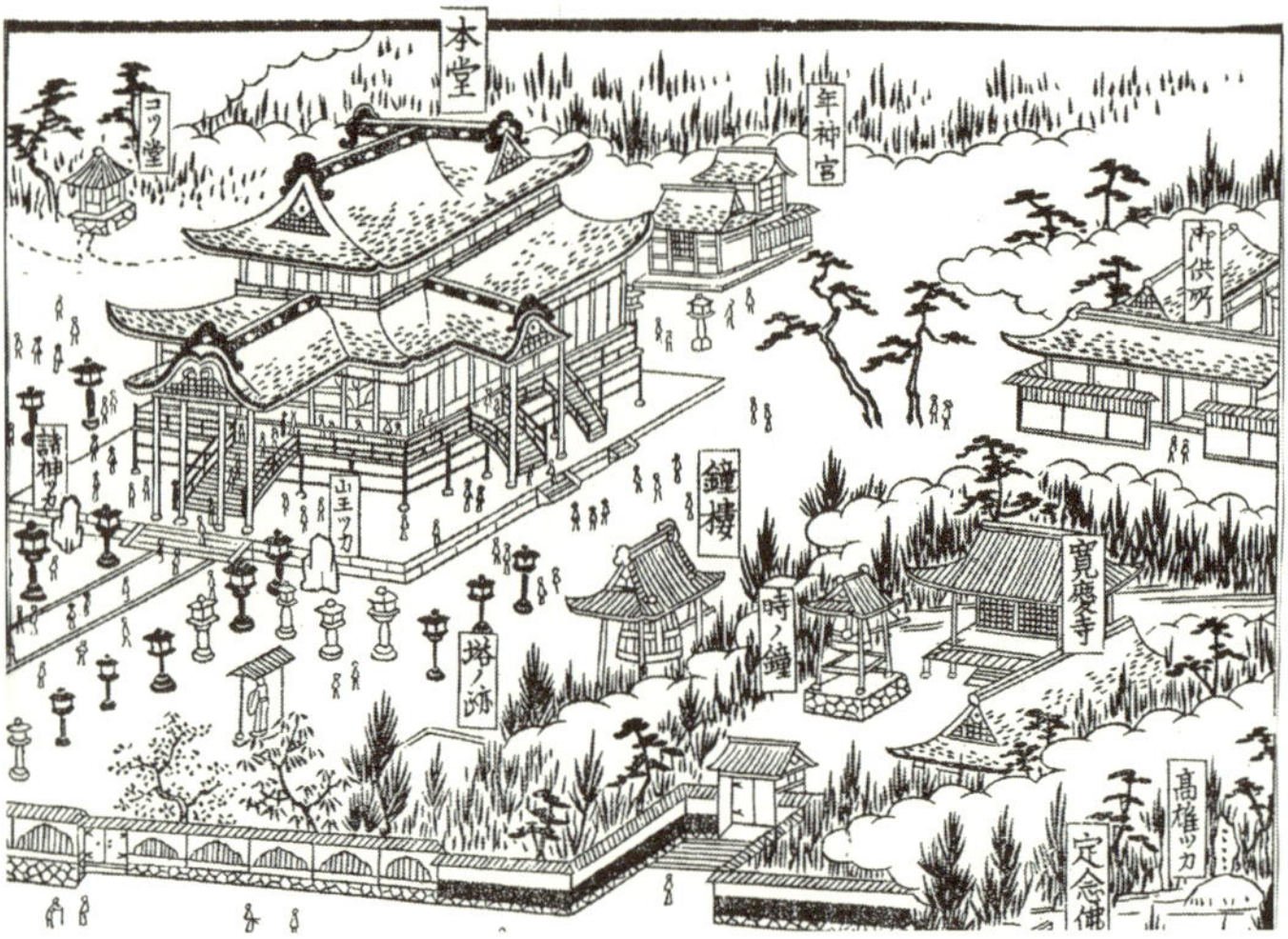

本堂の裏にひっそりと「年神宮」の字がみえる。　『善光寺道名所図絵』より
これがもとこの土地の地主神の諏訪別社である。

紀初頭）まで続くのである。

仮にそうだとして、その仏像が何故信濃の水内の里に移されたのかについての事情を示す手がかりはない。越後、出羽に通じる道が開かれはじめた時期なので、それをさらに確実にすることを願った律令国家側の積極的働きかけだったのか、あるいは、仏像崇拝の詔がでて、由緒ある佛像を求めていた金刺氏に請われてその手に渡ったものか、いづれの場合もありえないわけではない。金刺氏は、欽明天皇の磯城島《しきのしま》金刺宮に舎人として仕えており、ヤマト政権との強いつながりがあり、祖神を祀る諏訪と長野の二つの神社に、持統天皇より特別の配慮を得た経緯があり、また開通したばかりの東山道開鑿の功もあったであろうから、朝廷に貴佛の下賜を願って許されたということは大いにありうる話である。そして、文武天皇在位中のある年に信濃側へ送られた。その仏像の輸送のありさまは『伊呂波字類抄』の文章が大いに参考になる。当時の都は飛鳥（明日香）の藤原京である。そこに出仕した麻布献上の品部であった信濃の若麻績《わかおみ》氏の東人（明日香東人）なる人物が、仏像を拝領して、麻績《おみ》村へ持ち帰った。麻績氏は麻を織る金刺氏の曲部という信濃の研究者の説もある。その村は伊那か、更科か、どちらにも麻績があり、定かではない。いずれにしても、美濃・信濃境の神坂峠から水内を経て越後・出羽に通じる道沿いの村である。そして四十年余の期間そこにとどまったのはなぜか。仏像が金刺氏族に贈られたとすれば、それは氏族の仏として崇拝するにふさわしい場所に安置されたということであろう。やがて、小県の信濃国府に近く、国分寺、国分尼寺が華やかに建造された。七五〇年前後である。その律令国家の威光を示す寺院に対抗するように、金刺氏によって、人も物も移動・交流の激しくなった水内の里に善光寺佛が遷された。まずは、その交流の中心である水内の尾張部郷を望む山上の金刺氏管理の建御名方富命彦神別社の地に、庇を借りるように遷されたのである。その移動を指揮したのは、長老となった麻績東人であったであろう。

善光寺と諏訪社との関係は、諏訪神社の縁起・由来を扱った書物に共通して語られている。

「諏訪社は善光寺の地主神」（『諏訪旧跡志』）、「其御社の地へ佛を迎え、善光寺と号し」（『諏訪大社考』）、「この神社のあった地に善光寺如来を移し……」（『芋井三宝記』）などなどである。そして金刺氏は氏族の権威をかけて、本格的な仏堂を建設した。『伊呂波字類抄』がその仏堂の掲額に書かれていたと記録している神護景雲二年（七六八）で、奈良の都では道鏡事件の始まる頃である。奈良や京都の都の繁栄はまた、貧民・流民の溢れた時代である。その人々を救済する仏として、善光寺は次第に巨大化した。その一方、金刺氏の衰退で支えを失った諏訪社の水内にある別社は、いつの間にか、その存在を忘れられていった。江戸の末期ともなれば、善光寺参詣の人々も、地元の人々すらも、水内諏訪の神は、仏のお年越しのお堂に奉られた「祈年神」と信じられる程度までになってしまった。まさに「庇を貸して母屋を取られ」てしまった歴史である。

善光寺建設と時を同じくして、遠い都の威光を示すために造られた国分寺、国分尼寺は、地元研究者の精力的な努力で、豪華さを伝える寺跡が発見されたとはいえ、歴史のかなたに消え去ってしまったと同じく、金刺氏の政略で建てられた諏訪の別社もともに、地域に根を張っていない事業・事績のはかなさを、しみじみと感じさせる。

善光寺佛の信濃渡来が、意外にも信濃遷都にもいくらか関わって、持統天皇の信濃重視政策に端を発し、そのなかで勢力を拡大しようとした地元豪族の力で実現された。信濃の地がこうした古代の政治の流れに遭遇して、古い社会を変動させ、新たに出現してくるさまざまな社会階層がひしめき合う地となった善光寺の所在地は、その所在を最大の理由として殷賑の地となり、今の長野市に連なっていくことになるが、それを象徴的に示している町名は「尾張部」である。善光寺は、その町に近い。そこに明治の神道政策に合わせて、建御名方神の別社が造られた。そのとき、北信の複数の地で、別社があったのはここだという争いが生じたというが、持統天皇が特別の配慮までしたというほどの社の明治初めの衰微状態は、信じがたいほどである。その北信の地に、持統でもなく、また金刺でもなく、尾張の名称が残ったのは何故か、おそらく偶然に違いないが、尾張の地、名古屋に暮らしの場を置く私には、必然に連なるなにかを探してみたい思いを消すことができない。

建御名方命彦別社。近くの善光寺の壮大さと比べてあまりにも質素な社。

>>>column

長野市尾張部の町名由来の調査記

長野市に尾張部《べ》という特殊とも思える町名がある。すでに早くも、和名抄に、信濃国の水内郡の郷名として、「尾張部」が掲げられており、古代からの地名のようであり、北尾張部、西尾張部として今も残っている。以下はその名称由来の調査記である。

まずは、長野市内の図書館で探した文献からだが、『長野県史』は古代篇で、この地名を根拠にして、尾張氏の曲部《かきべ》の存在を記述している。『長野県の地名の由来』の著者も、部という特別の文字がついているので、尾張氏との関係は否定できないと書いている。同書はさらに、同じ和名抄で佐久に小治《おはり》のあることを指摘し（ただ、小治は「高山寺本」だけで、他の刊本では小沼となっており、小治は無視されていることを批判しながら）、尾張部とあわせて考えると、ヤマトタケルが信濃を通過したことと関係して、その東征に同行していたオワリ氏の勢力があったはずで、それとこの地名は関係するかもしれないと推定しているが、それ以上の地名由来を知る資料や手段はなさそうであった。

しかし、その後、郷土誌本『ふるさと北尾張部』が地域居住の住民組織によって刊行されていた。それによると、同町にある尾張神社は、火明命の子孫である尾張の連某《ムラジ》が、この地に横行する山賊を征伐するために下向され、村に駐在し、崇拝する祖先の彦八井耳命と建御名方命を祀る社を建て、祈念しながら賊を平定することができた。尾張の連某の帰還後、村人が崇拝しつづけたが、延暦八年（789）に、住民が増え、社地の汚損を畏れて、現地へ移転したという口伝を紹介している。ヤマト政権がこの地を平定するための遠征にオワリ氏の将兵も参加して、この地に足跡を残したことが地名として残ったという先の推定が、ここでもでてくる。しかしここまでならば、なぜそれが郷名となったたか、またなぜ尾張部なのかは、かいもく判らないわけで、前二著書と変わるものではない。

ところが、『ふるさと北尾張部』にはこのほかに、注目すべき記述があった。

「尾張姓霊神」についてのものである。尾張神社には三つの摂社があり、その一つが「尾張姓霊神・産土神」である。それについての説明は次のとおり。「尾張連某は当地に居住し、（村人に）土地を開墾させ、耕種の法を教え、当地の産業を大きく発展させた。尾張の連某は住民の暮らしが向上するのを認めて、都へ帰った。後世住民が尾張の連某の功績を讃えて、尾張姓霊神碑を建立し、住民の氏神として崇敬した」。

その碑は土中に埋もれたのか、所在は不明であるとも書かれていた。この記述で、この地に進出した尾張勢力は、武力平定だけでなく、土地の開発や新たな農業技術をこの地に定着させる殖民手法を残した。それがいつ頃のことかは書かれていないが、大和政権の進出時期とすれば、五世紀、せいぜい六世紀はじめであろうか。当時すでに尾張地方は、水田耕作を中心とする弥生文化が広く普及していただけでなく、木曽川がつくる低湿地の開発にも豊かな経験をもっていたと思われる。この信濃・水内の尾張部の区域は、長野市の東部、犀川と千曲川の合流地点のすぐ下流部で、土地も低平で、河川災害が多発しそうな地域である。しかし尾張の治水技術、低地の耕地造成技術の習得によって、農耕が安定し、当初の尾張神社の宮地を移動させなければならないほどに村びとが増加し、郷も形成するほどになり、名称にも尾張をつけることになったということであろう。

さて、書籍から得たこうした知識をもとに、このような想定が成り立つ地域かどうかを確かめるために、長野駅より直線でほぼ4キロほど東北部の尾張部の現地を訪れた。新潟に通じる交通頻繁な国道18号線沿いの小さな緑林に囲まれて尾張神社（近くの交差点の名称は尾張部神社前）はあった。まったく平坦な町だが、長野中心市街地と較べて緩やかな下り斜面がつづくところで、さらに東へ、東北へと、ゆるやかな傾斜は続いて、その先には千曲川が流れている地形を見て、河流のコントロールによる開拓地の想定にぴったりした土地柄であるという印象をもった。尾張神社の社地では、さらに発見があった。『ふるさと北尾張部』には、所在不明と書かれていた「尾張姓霊神碑」についての文字情報が、新たにに立てられた説明板に書いてあった。それによると、この尾張姓霊神碑は宝暦二年のもので、側面には『三代実録　巻四十七』の一文が刻まれているとのことで、碑は小祠の中のために確認は不可能だが、その文面が紹介されていたのである。帰宅後の確認で、説明板にあった文面は、欠字もあり不正確で、側面刻字がもし説明文のとおりだとすれば、聞き覚えたが間違ってしまった事柄を、後世に残した村指導者による碑の建立だったかもしれない。しかしそれだけに祖先への崇敬の念の篤さを覚えずにはおられない。そしてその文面が、事実の当否は別にして、オワリ氏の曲部としての尾張部の意味をいちだんと確かなものにしてくれることになったことは、私にとっても幸運であった。

『三代実録』の仁和元年(８８５)条のその文面は「二月八日……聴信濃国以乗田三十町。営国厨佃。但其地子任例。進納太政官厨。永以為例。彼国営佃自此始。」であり、その大意は「信濃の国が水田三十町を国の営田（みつくだ）とすることを許可する。但し、地元民の都合（例）に任せて、太政官の営田として納めさせる。以後永く例とする。彼の国の営田はここから始まる。」ということであろうか。とすれば、それはここ尾張部と直接に結びつくものではなさそうである。ただ、信濃の国がヤマト朝廷に水田三十町を献じ、その土地を耕作し、収穫を納めることがこのときに始まったということに過ぎない。なぜこの文面が碑側に刻まれたかは判らない。

ただ、あくまでも思いつきの推定に過ぎないが、この文面は、信濃で安定して水田耕作が始まったのはここ尾張部だと碑の建立者が言いたかったのではないか。信濃は高冷の国で、水稲の栽培にとって好適地とはいいがたい。だから弥生文化の浸透は遅れた。しかしその信濃でも、技術、経験の蓄積で、次第に水田耕作が可能になった。そのもっとも先端地は広い平坦地とゆたかな水を持つ水内、小県の地方で、それによって生産力は向上し、有力豪族の成長、そして、信濃では最初に巨大な前方後円墳の建設につながったと、一般的にはいえる。そしてそれはあくまで、千曲など河川の有効な管理技術と土地開発、農耕技術の進歩に依存していた。それを東国に属しながらいち獲得し、経験的に高度の技術として蓄積していたのは、まずは尾張であった。ヤマトタケルに擬せられたヤマトの大王の信濃進出（おそらくあずまを経ての）に同伴した尾張の将兵のなかの先進技術指導者たちは、それをここ水内の尾張部におけるように、局地的に地元民のなかに定着させた。それに影響されて必要が周辺に高まり拡り、尾張的技術の保持者たちの活躍の場が広がるにつれて、彼等はそれに対応するべく、オワリ氏との連携を強め、技術の習得をおこない、水田開拓の請負・普及集団として、オワリ氏の曲部としての「尾張部」を形成した。その一大集住地が尾張部郷と名づけられた。先の『ふるさと北尾張部』になかに、尾張部とは、小治部（小墾）で、水田開拓の請負集団だという説明があることとも一致する。

そうした尾張部の展開は意外に早かったのではないか。現地を歩き回って、尾張神社の最初の建立地の見当がついた。屋敷田と呼ばれるところだが、現町名は桜新町で、現在の神社地の五〜六百メートル西、つまり千曲側とは反対のやや高所である。それまでの宮地が住居の密集で汚されがちなのを避けて、より低地に移したという話が事実だとすれば、尾張部民の急速な増加と、治水がより高度化し安定して、開発も進んだということを意味する。開発の前進がより周辺に広がったことが、また尾張部民の増加につながる。こうした目に見えた向上の変化が認識できるのは、決して長い期間かかったものではありえないので、言い伝えが途絶えにくい、せいぜい百年程度の期間だったのではないか。かくして、尾張姓を許され、暮らしの安定・向上の歴史に貢献した尾張部民たる祖先の役割を途絶えることなく聞き伝えた後世、江戸期宝永年間の村役人が、「尾張姓霊神」を産土神として祀り、崇敬と感謝を村人に広めるための碑を造り、「わが村こそ信濃の始まりをつくった」という誇りを碑の側面に刻んだ。聴き覚えた文章が違ったとしても、それは笑うべきものではない。むしろその祖先の偉業を後世に伝えねば止まない高い使命感を感じるべきであろう。

長野市の尾張神社　　土地の名も北尾張部にある。交通頻繁な国道８号わきだが、静かに古代の雰囲気を漂わせている。信号下にある交差点名は尾張部神社だが、神社碑は尾張神社。

尾張姓霊神を祀る祠　　尾張神社の奥深く、ひっそりと鎮座、北尾張部の住民からは土地の産土神として、大切に守られているようだ。説明の標示が真新しい。

エピローグ

律令制の確立で変わる
高市黒人の万葉歌272の意味

四極山　打越見者　笠縫之　嶋漕蔭　棚無小船
しはつやま　うちこしみれば　かさぬいの　しまこぎかくる　たなしおぶね
「万葉集」巻三（272）
しはつ山　うちいでて見れば　かさゆいの　しまこぎかくる　たなしおぶね
「古今集」巻第二十（1073）

プロローグで触れた高辻一八会で、三河の吉良を訪れたことがあった。「三州吉良」は、忠臣蔵の敵役だが地元では名君として親しまれている「吉良上野介」と、昭和の著名な小説家「尾崎士郎」ゆかりの地である。その尾崎士郎と聞けば、『人生劇場』、そしてやくざの「吉良常」、そのやくざといえば、「義理と人情」でもてはやされることの多い「吉良の仁吉」と、一連のつながりを連想する人も多かろう。「一八会」では、そんなことに関係した場所を回ったりして楽しんだが、また、趣を変えて、古代の史跡である幡豆神社にも詣でた。海を望む山の中腹にある幡豆神社の長い階段を降りて、宮崎海岸に出ると、そこに万葉の歌碑が建っていた。碑に刻まれていたのは、『万葉集　巻九』に収められた藤原朝臣宇合《ふじわらあそんうまかい》の歌である。

「暁の夢に見えつつ　梶島の　磯こす浪の　しきてし思ほゆ」

碑のすぐ前方には、波間をへだてて、その梶島が静かに横たわり、往時もこんな情景だったかと、感慨を覚えながら、しばし万葉人に思いをはせた。そんな想いを整理しようと、後日、図書館で、万葉の注釈書をめくっていたら、「梶島」は丹後ではないかという説、また、宇合の任地の筑前の「勝島」かもしれないなど、いくつもの異説のあることを知った。ただ、この歌の異伝として、同じ万葉の七巻にある「夢のみに　継ぎて見えつつ　篠島の磯越す波の　しくしく思ほゆ」の検討から、三河の梶島だとされる愛知教育大学・中京大学教授松田好夫博士の説が最有力とされていることを知って、改めて、あの碑をあの場所に建てるまでの人々の苦労と執念を感じた。

万葉に限ったことではないが、はるか古代の文献に出てくる場所比定の難しさは、本書を構想し、また執筆しながら厭というほど知らされてきた。とくに、歌の場合は、詠み人の深い感動を、短い言葉で伝えなければならないだけに、場所の特定をいっそう困難にする。同じ万葉集で、三河にかかわっていえば、本書の冒頭の「年魚市潟の歌」と同じところにおさめられている高市黒人の別の歌もそうである。それは、すでに第二章で紹介したが、

「四極山　うち越え見れば笠縫の　島漕ぎ隠る　棚なし小船」

である。この歌が詠まれた場所についての長い期間の論争が万葉研究の専門家の間でつづいていることは、夙に周知のことである。門外漢の私は、その概略をひととおり生噛りして、はじめて場所論争のむずかしさを知ったのだが、自分の専門の地理学が、まずは場所にこだわ

る学問であることとも関わってか、大いに興味を覚え、無謀にも、私流の「しはつ山」の場所比定をしてみようと思い立った。それだけでなく、これもプロローグで述べたが、この歌が、私が生まれ、まだ十才そこそこの幼少時代の生い立ちの想いが未だに強く残っている「あゆちの里」の一隅でもある、高辻という土地といくらかでも交錯しているところに立ちどまって、名歌を残してくれた　高市黒人　の作品であることも、興味を深めた一因であった。そして、知りえた狭い知識の範囲内での空想からではあるが、従来誰もが唱えていない新説？（珍説か！）が浮かんできた。まったくの素人だからこそ思い浮かぶ解釈で、玄人筋からは一笑に付されるものにちがいないが、それでも千三百年をも遡る万葉の歌人が、この歌に託した深い想いをあれこれとめぐらしながら、久しぶりに心躍らせながらの楽しみの時を過ごすことができた。

さて、四極山（万葉集巻三272）の歌を詠んだ場所探しのカギは、もちろん「しはつ山」である。具体的に検討できるのは、賀茂真淵や本居宣長らが説き、現在でも多数説となっている摂津・住江の「しはつ」と、早くは契沖が指摘し、また新しくは松田博士が実地見聞をふまえて可能性を指摘した三河・幡豆の「しはつ」である。

前者は、「呉の客を道するために磯歯津路《しはつみち》を通し、呉坂と名づく」という「雄略紀」の記述や、同じ万葉集の第六巻で守部王が四極の地名とともに血沼廻《ちぬみ》、すなわち茅ノ海（現大阪湾）と並んで歌い込んでいることなどから比定されているもので、その限りでは合点がいく。しかし、その地は、わずかな坂や高低を除けば、山といえるものはまったくない低平な土地（現大阪市住吉区南部から東方、東住之江区や平野区の南部）で、万葉の当時、入江が奥深く湾入し、あちこちに島状になった中洲が存在していたとしても、黒人の歌に詠まれたような「四極山打ち越え見れば」という地形は想定しかねる。もしあるとしても、四極路《しはつみち》がのびて葛城山系の高地にさしかかるところまで行かざるをえない。しかしそこはすでに入江から遠く離れ、「島漕ぎ隠る棚なし小船」を眺めることは不可能である。いずれにしても、情景を詠んだ歌とすれば、きわめて比定しにくい。

三河・幡豆の場合はどうか、ここで四極と比定されるのは、吉良町津平にある志葉都社であり、古く景行の御代この地を開発したと伝えられる建津枚命を祀る磯泊《しはつ》社に遡りうるという（『愛知県の地名』）。高度二百米余の、三ヶ根山の尾根のなかの小さな瘤（ケルン）の麓に座すとことから、そのケルンを「しはつ山」と呼んだと考えることは可能であろう。さらに、磯泊社の近くに、古い船着場があり、江戸時代にはモヤイ場が残っていたと郷土誌は書き記している。古代より大和朝廷の勢力下にあった伊勢との海上交通が頻繁だった三河湾地方で、この吉良の磯泊の地は、幡豆山地をえぐるように流れた矢作古川の河口部で、湾曲した入江が大船も航行できる水深をつくって、絶好の港だったことは、現地形からも容易に窺える。磯《し》が泊《は》てる＝果てるところとして、「しはつ」の地名を得たと考えることは自然でもある。棚板を張った大船で三河に渡る大和朝廷の貴人・役人が磯泊で下船し、海岸よりの山路をたどり、やがて開けた三河湾を望んだときの情景は、まさに四極山の歌そのものだったはずである。眼前の島に見え隠れする小舟も手に取るようだったにちがいない。

しかし、巻三（272）の歌では　しはつ山　の文字を　四極山　としている点で、磯泊山となる三河説は摂津説に劣るといえるかもしれない。まだ　やまと文字としての漢字が固定したものではなかったとはいえ、同じ　四　という文字を当てていることは、場所の特定に結びつきやすいからである。ただ　もともと、「しはつ」は特定の固有の地名ではなく、磯が止どまる（泊まる）ところという意味で、船着場としての普通名詞的な場所を指していたものと解すれば、雄略紀の磯歯津のうちの「はつ」（＝歯津）の表記と比べて、はつ（＝泊）も、はつ（＝極）も共に同じ程度にやまと語化が進んだ文字表記であり、黒人が三河で詠んだ歌で、磯泊宮という特定の名称に由来する磯泊を使わず、四極の文字を使ったとしても、さして不自然とはいえないかもしれない。

もう一つキーとなる地名である笠縫の島についても、古くからの論争があり、いずれとも確定しがたいが、これらを検討して『高市黒人注釈と研究』（新典社　平成八　一〇五頁）では「①大阪市東成区深江北・同南、生野区小路、東大阪市足代周辺の地の一島。あるいは、②愛知県渥美湾中の前島の二説」と結論づけられる。しかし、それは四極山からの帰結であって、笠縫の島名がここにあったという確たる地名考証でもなく、またそれを類推させる痕跡すらないこと、さらに万葉の数多くの歌のなかで、同地方で詠まれた歌がいくつもありながら、笠縫の語を詠いこんでいるのはこの黒人の歌のみであることなどから、ただちには納得しかねる。笠縫の島が実在したのかどうかも含めて検討されてよいのではないか。

ここで少し四極山の歌をはなれて、笠縫の地名を探ってみると、意外にも黒人との接点が出てくる。いうまでもなく、『日本書紀』の「崇神紀」にでてくる大和の笠縫郷のことである。飛鳥の宮中に祀られていた祖神アマテラスが、あい並んで祀られていた大物主神の怒りを解くために、移し祀られたと伝えられる笠縫郷は、現橿原市の北、磯城《しき》郡の秦庄の笠縫神社の一帯とされる。笠縫邑に磯城の神垣（シキノヒロモギ）を設けたという古記や同社が「大神宮」とも称されていたことなどを考えると、かなり確かであり、現にいま大和を南北に縦断する近鉄京都線の同地至近駅名も笠縫である。しかしまた、そのことを書き記している『奈良県の地名』には、その異説として高市郡明日香の地にある飛鳥坐神社こそ笠縫郷であるという古来からの言い伝えがあり、そこを「元伊勢」と呼び、「久米は高野で飛鳥は伊勢や　昔橘京でござる」という古里謡まであって、記紀にでてくる神武東征での「久米の子」を思わせる記述があるなどで、いずれかは即断しかねる。しかし、どちらにしても、黒人が仕えた持統・文武帝の都とは直近で、黒人が常日頃なじんだ土地と考えてさしつかえない。ただ後者は、黒人の属する高市の氏人が古くから暮らしつづけてきた郷であり、黒人が歌人として大君の近くに伺候したとしても、身分の低さから考えて、彼自身はほとんどの暮らしのときを過ごした、より身近な土地であるとは言える。いずれにしても笠縫は、飛鳥の土地で、くにの神、地の霊の後裔としての中小豪族の長《おさ》＝王の先祖が眠る土地であり、自分たちのくらしを支えてくれる安寧の場所であるという強い信仰が、黒人を含めて里人の日々くらしの中で生き生きと意識されていたところであろう。

もっとも飛鳥の笠縫が島であるはずもなく、もちろん小舟が漕ぎ行く海でも、また水辺ですらありえないのであって、四極山の歌との結び付きはまったく見えないままである。

ところで、「笠縫の島」の詞は、古今集の「しはつ山ぶり」の歌との関係がいわれている。

古今集二十巻に、作者を示すことなく載せられている歌

「しはつ山　うちいでて見ればかさゆいの
　　しまこぎかくるたななしおぶね」

との関係である。この古今集の歌については、多数説は黒人の歌の再録と見ている。しかし、地方の歌の采歌の役を務めたことがある黒人が、地方の民謡としてうたわれていたとされるこの歌を、万葉に持ち込んだという説もあり、それを採るとしても、そこに歌われる「かさゆいの島」が、なぜ黒人では「笠縫の島」となるのかが判らない。この説の適否は後に述べることにして、まったく突然に一つの思いつきが、一瞬だけ、よぎった。

黒人は四極山の歌の中に、「かさ」ぬいではなく、「笠」縫を詠いこまなければならなかったのではないか。この推定の出発は万葉巻三の黒人の八首のうちにみえる歌

「妹もわれも　一つなれかも
　　三河なる　二見の道ゆ別れかねつる」

である。この歌は、持統太上皇の三河行幸に随伴した黒人が、旅の宴で即興的に詠んだもので、そのなかに一、二、三の文字を詠み込んだ軽妙さで、旅の憂さを紛らす宴の場を盛り上げたものと解されており、憂愁の旅の歌人として定評のある黒人だが、かかる洒脱な技法も身につけていたのかと感心させられるものがある。おそらく、旅に同行した中に、洒脱の歌人奥麻呂がおり、黒人も、同じ発想の歌を試みたとしても、なんの不思議もない。もし四極の（しは）つを四八つと読み直せば、この272の歌で同じ数遊びを試みたということもあながちありえないことではない。しはつの「は」を「八」の字で表わすことは、巻六の守部王の歌で、しはつを四八津としていることでもあり、それは采歌官たる彼の知識のうちに充分にあったはずだ。としてさらに、この四八とならんでほかに漢数字を歌の中で並べるとすれば、その中間の六が、よく秩序だっており、もっとも面白い。そして、その六を笠縫の「笠」で当てることはできなくもない。その漢字は中国読みでは「ｌｉｕ」であるが、やまと読みで「リュウ」となり、中国音では六に近い音となるからである。日本の和歌のあり様に漢詩の影響が少なくないことを考えれば、この読み替えは容易であろう。旅の歌人とされる黒人が、三河の歌と四八の歌と、いずれも旅歌のなかで類似の軽妙な技法を試みて並べることによって、世の喝采を得たいという願望が沸くとしても、人の性の自然ではないか、と。

しかしこのちょっとした思い付きで、四極山２７２の歌を解釈し終えるならば、あまりにも軽率というそしりは免れまい。四極山の歌のもつ雰囲気は、そのような可笑しさを狙った軽妙なものでありえないことは、少し考えればすぐ判る。あらためてこの歌全体を素直に解するとき、そのそしりは当然であり、この思いつきはとても採れない。

そんなこんなと、とりとめもなく思いながら、黒人が辿ったかもしれない幡豆の坂道を歩きながら、眼前に突如としてぱっと開けた三河の海を目にしたときの私自身の実感をそのままに、もし、この歌を三河のここで詠んだ歌とするならば、次のように鑑賞するのが自然ではないかと改めて思った。

「心急いで、しはつの山にある坂を越えおえたところから眺めた風景から　ある感情が心に浮かぶ。

「眼前に広く開けた静かな海の中に、小島がじっと動くことなくたたずんでいる。心休まる安堵感に浸りながら、しばしの時がすぎる、その短いときの間に、棚板もつけない小さな舟が、ゆっくりと島影の後ろに漕ぎ隠れていく。こうした平安さのなかで静かに移りすぎていく悠久のときの流れを感じる」

というものである。

しかし、この海には、そこここに小島はあっても、「笠縫」の島はない。黒人は何故、「笠縫」のコトバを詠み込んだのであろうか。その語を加えたことによって、かれは上述のような旅の感情を通して、何が詠いたかったのか、四極山の歌を解くカギがそこにあるのではないか。

ところで、前にふれた古今集の巻第二十「しはつ山」の歌との関係についてである。「笠縫」は九州の豊前大分地方で歌われていた古歌のなかに出てくる「笠結《かさゆい》」ではないか。その「かさゆい」とは暖地性の植物の蒲葵《くば》で、気温の高かった当時では、大分はもちろん、大阪湾でも三河湾でも生育することができた。そうした植物が繁茂する島が「笠結の島」ではないか、そしてその葉を使って笠を編む部民が畿内にあったという説もあり、四極山歌＝摂津説の有力な根拠の一つとなっている。それに従えば、采詩官だった彼がその大分地方の古歌を早くから知っていて、自らの四極山の歌のなかに「笠縫」に変えて歌いこみ、万葉に採録された。さらに後になって、その「もとうた」も古今集二十に「しはつ山」の歌としてとりあげられたという説もでてくる。

これらには、一通りの辻褄合わせがされているが、かなりの無理がないであろうか。古今和歌集がつくられたのは延喜年間で、万葉集の編纂された時代とはわずか百四十年余りしかたっていない。万葉の歌にも精通した古今の選者が、この黒人の　時代を超えて賞賛される名歌を知らないはずがない。歌人としての黒人の名声と能力を知り尽くしている選者が「四極山」を大分の古歌の模倣歌と判断したならば、その当の古歌を『集』のなかに採録するであろうか。万葉集編者への侮辱以外のなにものでもないことになるからである。和歌の歴史の中でそうした醜聞は、私の知る限りだが、ない。五里霧中の日々だった。

そんなとき、たまたま図書館の棚にあった倉本一宏著の『壬申の乱を歩く』（吉川弘文館　二〇〇七）を手にし、その見開きにあった葛城山系の高所からの大和・飛鳥の風景が見事に捉えられている写真を見て、目を見張った。その場所は、黒人が通ったかもしれない住吉から飛鳥へ通じるシハツ道が葛城の山並みを越えたあたりで、そこから

笠縫の島の心象風景。しはつ道をたどり、葛城の峠から飛鳥を見た黒人の心象風景は、三河の海の景色そのものだったかもしれない。三河の前島は笠縫の島と見えた。（倉本一宏『壬申の乱を歩く』吉川弘文館　2007 年　口絵より）

は大和三山はもちろん、平野（国中）に散在する村々の杜がまるで小島のように浮かんで見えてくる。そこに立ち止まった彼　黒人の心に浮かんでくる歌がしはつ山の歌で、そのなかの小舟は、故郷にある名もない氏の民びとで、そのなかには身分の低い自分の近しい家族・親族も含まれているを擬したものであったかもしれない。これまでくり返されてきた彼の旅の中で、故郷の氏びとの変わらぬ安寧と平穏な暮らしを願う感情が沸くのは一度や二度ではなかろう。叙景的にはそれは確かに三河の幡豆の海であったかもしれない。しかし、また茅ノ海の住江であったとしてもよい。それがいずれであっても、その時そのときに得た感慨は、黒人の心の中にしっかりと焼きつきながら、彼の心情の奥深いところで一体化されていたにちがいない。旅の歌人としての黒人には、個別の叙景の記憶はすでに普遍化されて、その場所を特定する必要もなくなっていたであろう。結局のところ、四極山272の歌は、こうした安堵感、故郷への感慨を叙情的に詠ったものであった。

とすれば、ここでは素直に万葉のいくつもの名歌をつくり直して古今集の歌として採録したものの一つとして理解する通説の方がのがより自然である。万葉にある持統天皇の

「春過ぎて　夏来たるらし　白たへの　衣ほしたり　天の香具山」

の歌が新古今和歌集では

「春過ぎて　夏来にけらし　白妙の　衣ほすてふ　天の香具山」

とされた類である。しかしもしそうだとして、古今への再録にあたって、なぜよみ人を記載されなかったのかという問題もある。と気づいて調べたが、その理由は実に簡単だった。古今集の巻二十は、他の巻とは違って、「歌謡」を集めたものであり、すべての歌の作者を記載していないからに過ぎない。しかも、「しはつ山」の場合は、そのなかの大歌所御歌に入れられている。大歌所御歌は、宮廷の公の儀式に詠われる歌謡であり、その他一般のときに歌われる小歌とは区別される特別なものであり、桓武天皇即位の天応元年（七八一）の大嘗祭の際の詠いが最初といわれる。「しはつ山」の歌は「しはつ山ぶり」として特別の歌舞形式があったともいわれている。

そこで検討を要するのは、どうして万葉の黒人の歌が、改作されて大歌所御歌として採用されるに至ったのだろうかということであろう。この二つの歌をつなぐものはなにか、なぜ、それを改作して、違って意味づけをもった歌とされたのであろうか。以下で、それを検討しよう。

万葉歌人の高市黒人が活躍したのは、「大化の改新」、「壬申の乱」と続く混乱の時を経て、諸豪族の連合としての倭の国の、その首長としてのオオキミの地位がしだいに高められ、天武・持統の御代にはその絶対化がほぼ完成してくる緊張の時代である。黒人は、大部分の時を、持統・文武の両天皇の宮廷歌人として仕え、大王（オオキミ）、それよりもさらに尊い天皇の偉大さ、すばらしさを歌わねばならない位置にあった。彼にいくらか先立つ宮廷歌人の柿本人麻呂も同じ立場におかれていた。とくに、持統帝にあつく信頼されていた人麻呂は、天皇を

おおきみは　神にしませば　天雲の　雷の上に庵らせるかも

と無窮の高みから、また無限のひろがりで、その権威を歌う。天上から、大きくオオキミ・天皇を詠い上げた。そこが人麻呂の真骨頂なのである。

しかし、黒人は、まったく違った形で、天皇の御代の地上の平安を静かに詠う。天ではなく地で、人麻呂とは正反対の位置に立って、オオキミ：天皇を讃えるのである。四極山（272）はそうした意味をこめて歌われたとは考えられないであろうか。それは、以下のようである。

「住之江から、心急くままに四極道を辿り、山を越え終えると、まるで海かと紛うばかりに、広々とした大和の平野が開ける。そのなかに尊くも、また懐かしい笠縫の郷のこんもりとした杜が、島のように見え、常と変わることなく静かにたたずんでおり、安堵の心が沸きあがる。

わが氏人たちもそこでつつがなく暮せている様《さま》で、それにたいして感謝の念が込みあげる。それは三河の四極山越えのときに見た笠縫の杜かとも思える島の向こうに静かに、ゆったりと漕ぎ隠れていく小舟のようにも思える。そして、こうした大和のいつに変わらぬ人々の暮らしが続いているのは、偉大なるオオキミ・天皇が今そこにいまして統治する土地柄だからだ」、と黒人は言いたいのではなかったか。

四極山の歌に歌い込まれた「笠縫」の語には、大和の繁栄は、権力をいやがうえにも高めてきた天皇の祖　アマテラスの存在を意識させるものがあったに違いない。天皇を神と高める人麻呂とは正反対に、黒人は逆に地で、民びとの暮らしの静安さを通じて、自らが仕えた持統・文武の世を讃歌したのである。そこにこそ、人麻呂とは違った黒人の宮中歌人としての価値があった。宮廷人の多くは、この黒人の心の奥を読み取ったにちがいない。

古今和歌集の中に収められたこの万葉の歌は、律令の制も完成し、大和らしさが貴ばれ、伊勢を意識せずして地位を安定させえた天皇の下で、その臣下たる官僚たちが治政を平安のうちにすすめた時代にあっては、この静かに、ひそかに天皇への敬愛を秘めながら、詠った黒人の歌のもつ雰囲気がいたく愛でられたに違いない。平安の時代がもつ気風とそれとがぴったりと一致した。このような理解があったればこそ、大歌所御歌として採りあげられたのではないか。

そうだとすれば、そこでは、固有の名前である「四極山」は無用である。語感なめらかな「しはつ山」でなければならない。そして、天皇の権威を大神アマテラスと結びつける必要もいわれもないこの時代では、それを連想させる「笠縫」も、語調よく「かさゆい」のほうがよい。『万葉集』(272)の歌は、「しはつ山ぶり」として、宮中の宴で、天皇の治世を寿ぐ舞踊にあわせて歌われることとなり、そして『古今和歌集』(1073)に収められた。

黒人が生きた時代から百年余を経て、律令の制度整備が進み、かつては地霊を引きずっていた地方の長も今やまったく天皇の官僚と化し、アマテラスに擬して権威を高めることもなく、それといささかでも結びつく笠縫の影も文字も不必要な時代となった。天皇は律令国家のなかでそうした位置にしっかりと据えおかれる時代なのである。その天皇を寿ぐ意味合いを奥深くに伝えながらも、その真意を知らず、「しはつ山ぶり」の歌にあわせて、優雅に舞う宮廷人の姿を、黒人は知る由もない。また、「しはつ山ぶり」を歌い踊る宮廷人たちは、天武・持統の時代に、「笠縫」の語を通して静かにオオキミを賛美した黒人を知らない。時代は、まさに移ってしまったのである。

このように、万葉歌を観賞し、古今歌への変遷を想定するのは、天武・持統の治世に関わるいくつもの謎解きを中心に、それを繋いで時代を考え続けてきた筆者の走りすぎた気分のせいかもしれない。

「しはつ山ぶり」で祝《ことほぎ》を受け、天皇位に就いた桓武がさし向けた坂上田村麻呂が、最後まで抵抗した「蝦夷地」の指導者アテルイを捕え、いわば陸奥を征服し終えたのは、八〇一年。しかしその後も長く、目指すヤマト化は完成せず、反抗・反乱は続いた。**天武天皇の夢**の成就にはなんと長い年月を要したことであろうか。

附論　美濃国 池田郡春日郷の比定にかかわる条里復元について

私は一九九四年の三月、まだ大都市への空襲が本格的には始まっていない時期だったが、岐阜県大垣市から十五キロほど北にある父の出身地の純農村に疎開した。その村は揖斐郡　養基村　脛永（イビグン　ヤギムラ　ハギナガ）である。息子が出征しその親が亡くなって、空き家となっていた遠い親戚の家屋を、とりあえず借りた。そこでわが家は、にわか百姓をして生計をつなぎ、私は電車で大垣の中学校（旧制）に通った。それまでのまちのくらしとはまったく違って、苦しかったが、食べ物は自作の田畑で採れるもので不自由しなかったのが救いだった。村の社は賀茂神社といい、なんでも脛永は、中世は京都の上賀茂別神社の荘園だったことによる鎮座だと聞いた。そのせいかどうか、話し言葉はどこか京風で、だいいち、脛をハギと読むことも古い時代を感じさせていた。近くを流れる揖斐川の対岸（左岸）の村々には、条里

名田沽進の文書（一部）

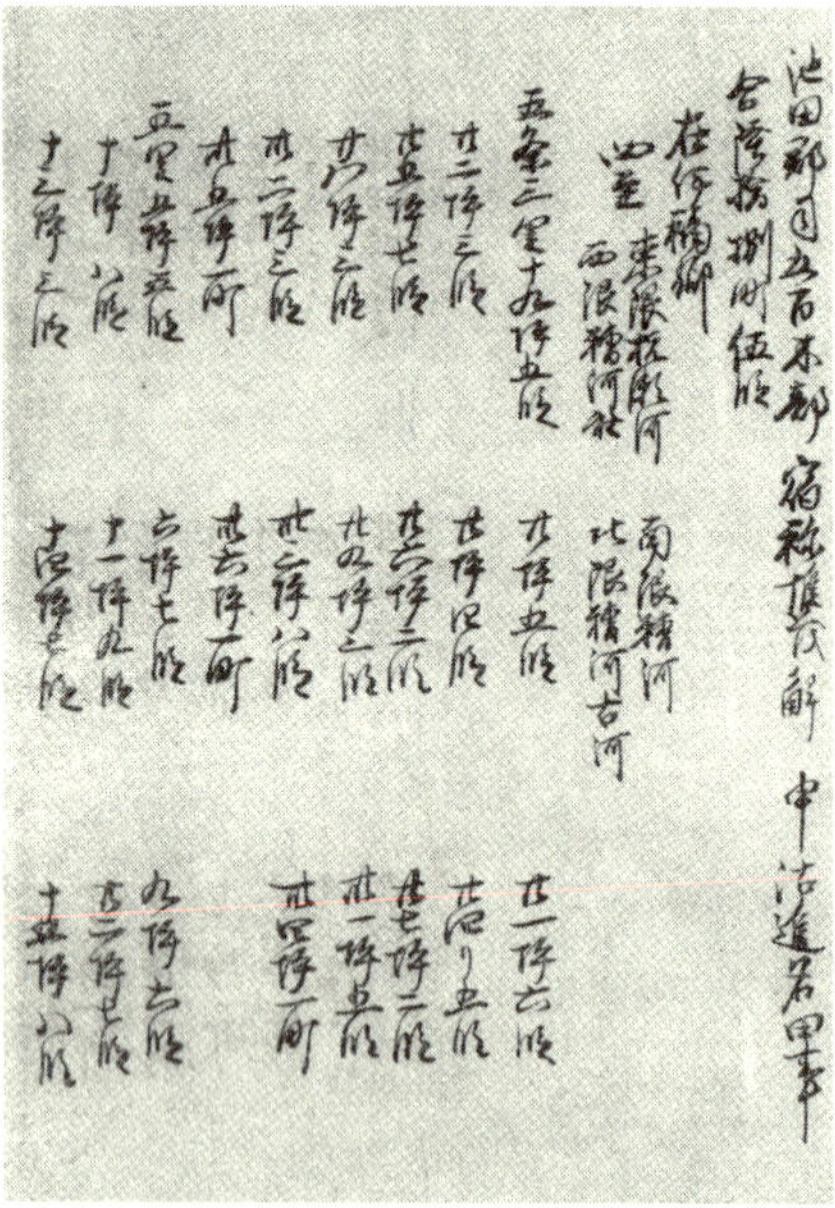

原論文 395 頁掲載の名田沽進文書の一部。四至がはっきり読みとれる。

制の跡が地名や村中の道路にはっきりと残っており、また脛永から南五キロほどの村にも条里の跡（泉江庄）があると、歴史の教師から聞いていた。脛永のまっすぐで直交する道路を見て、これも条里址かなと夢想することもあった。

もう六十年以上も前の漠々とした記憶しか残っていないわたしは、たまたま目にした論文で、再びその村の古き歴史と向かい合うことになった。その論文とは、、京大文学部史学科の学術誌『史林』七十巻三号（一九八七年五月）に掲載されている足利、金田、田島三氏執筆の「美濃国池田郡の条里」で、発表されてからすでに二〇年余も経つ論文だった。その綿密な考証に敬服せざるを得ない内容に魅せられたが、一つだけ大きな疑問が残された。私がかつて居住した十年余にわたって、わが仮家のすぐ横を流れて、文字どおり日々親しんだ脛永用水が有力な根拠になって、条里比定がなされているのだが、それは私にとって充分に納得できるものではなく、結論は間違っていると確信せざるをえなかった。不明にして、その論文の主執筆者と思われる足利健亮氏の他界を知らなかった私は、彼宛に後述のような手紙を出した。

その手紙の中味を、原論文をよまれていない読者に、その大筋を理解いただけるように、あらかじめポイントを紹介しておくことにしよう。もっとも、細かい地名が頻繁に出てくるので、該地になじみのない読者には、詳細地図（国土地理院の五万分の一図　大垣　か、二・五万分の一図　池野が最良）の用意をお勧めする。

共執筆者の一人が発見した長元八年（一〇三五）の名田沽進文書に、美濃国池田郡の伊福郷に存在した条里坪九十三、計六十八町五段が坪ごとの反別で記載され、その位置を示す四至（東西南北境）が明示されていることがわかった。共執筆者はそれを取上げ、その条里位置の確定を試みたもので、周辺のすでに研究され、解明されていた条里比定結果を再検討し、この地方の条里線の引かれ方、条里の配列順序を確かめ、最後に記載の四至を頼りに現代の地図上に条里址として示そうというものであった。その過程で、もっとも困難だったと思われるのは、記載された四至（具体的には北限：糟河古河、東限：杭瀬河、南限：糟河、西限：糟河社）を、典型的な扇状地である関係地の千年近い期間に、繰り返し流路を変えた糟河（現粕川）、杭瀬川

（現揖斐川）の氾濫の歴史を越えて、現地図上に確定することであり、また唯一の人為建造物である糟河社も、数冊にのぼる郷土誌のどれにも名前を現わしたことがないものだったことであろう。仮に現在の河川流路を基準にして古文書の条里地籍を地図上に落としてみると、一見して間違いであることが分かるほど、大きくずれてしまう。地形を考慮して条里の数をずらした案も検討されたが、満足のいく結果はえられなかった。そこで執筆者らは航空写真や、地形図を頼りに現地を探索し、丹念に検討を加えた結果、江戸初期、近世文書などに残された地図などを根拠として、現在の脛永用水がかつての古い杭瀬川（揖斐川）の痕跡に違いないとの結論を得て、それを基準に四至確定をおこない、一応の結論を得ることに成功した。論文では、それをもとに名田を手放した名主（五百木部惟茂）の検討や当時の歴史事象などを検討しておられ、興味深いが、手紙では対象外として触れなかった。また、手紙はもともとは私信であったが、宛先の主執筆者はすでに鬼籍に入られ、しかも内容は学術的なものであり、公開は許されるものとして掲げことにした。なお、文面は当地を熟知した人しかわからない部分もあり、そこを土地不案内の読者にもわかりやすくするように、若干の変更をおこなっている。

拝啓
突然のお手紙を差し上げる失礼をお許しください。

私は一九五八年の三月、名古屋大学の文学研究科史学地理学課程を修了し、当時京都大学の地理をでられ、名古屋大学に助手として赴任されておられた故K・Yさんにも親しくしていただき、学会誌『人文地理』にも論文や研究ノートを掲載させていただきましたが、主研究領域が経済地理であり、K・Yさんが大阪大へ変わられて以後は京都ともしだいに疎遠になってしまいましたので、ご記憶にはないかと存じます。一九九五年に大学を定年退職して以後は、協同組合の研究に集中して、地理学とも疎遠になり、今日に到っているものです。

最近、ゆえあって『史林』のバックナンバーを調べているうち、たまたま貴学兄ほかの論文「美濃国池田郡の条理」を見つけ、読ませていただきました。実はあの論文に出てくる地域は私が戦時中疎開し、一〇年以上にわたって暮らしたところで、論文で条里の四至確定で決め手になっている脛永用水沿いの家に住み続けていたので、とても懐かしく思い、また条里があった程度の知識しかなかったので、びっくりもし、大いに興味をそそられました。もっと早くこの論文の所在を知っていたらと悔やまれもしました。

論文の発表から二〇年という長さからいって、今さらこの問題について、素人の私の感想やコメントはまったく不要であることは百も承知ですが、論文関係地についての深いかかわりと、さらに私の学部卒業の論文が「粕川一ノ井水の水利慣行形成」で、その必要から現揖斐川、池田両町の水利問題を求めて歩き回り、資料をあさったりしたことから、あえて感想を述べ、コメントさせていただくことをお許しください。

まず、論文「美濃国池田郡の条里」（以下ではすべて「論文」とする）の学問的緻密さと事実確認の慎重さと謙虚さには敬服しました。とくに第三章末尾の「一つの試案としてあえて比定した」と書かれた言葉がなかったならば、こうした私の感想・コメントはなかったにちがいないと思います。

「論文」による「名田売買文書」（以下では「文書」とする）は釈文だけでなく「文書」の写真まで付した紹介で、きわめて有意義であり、すでに刊行されている『岐阜県史』はもちろん、『池田町史』、さらには『揖斐川町史』などでも追加収録・紹介すべきもので、それらがどうなっているかが気になります。

次に、この貴重な「文書」を条里跡にあわせながら現地比定された内容ですが、

はじめの泉江庄についての既研究の検討についても、私は「論文」の判断がいちばん妥当だと思いました。「水野論文」（水野時二『条里制の歴史地理学的研究』大明堂　一九七一）の東限

比定は杭瀬川の氾濫原（この付近は扇状地末端の湧水が年中噴き出る低湿地帯で滞留水域としての泉江も想定可）を考えると採用できないこと、また『岐阜県史　通史編古代』で述べられている、東野と草深を結ぶ条里の東西直線的な道路（「論文」の図六のＦ‐Ｇ線）は、草深が粕川の南流による破壊が激しい地域であり、また両村の中間にある池野付近が自然堤防とみられ、水田化不能により、桑、茶など畑が多く、用水による水利権がまったくない区域で、明治初年、旧池田村本郷村連合役場がこの道沿いに建てられたことから、それに絡んだ新道づくりと考えられなくもない、などなどを勘案すれば、基準となる条里の東西道と考えるよりは、「論文」の判断のほうが納得しやすいと感じました。

泉江庄の条里確定に基づいてなされた「文書」関係地域の条里確定については、素人の私には判断できませんが、航空写真なども含めた慎重な検討結果であり、問題はないと思います。

もっとも苦労された部分とお見受けしましたが、条里四至の現地比定についてはいくつもの疑問を持ちました。

まず第一に、「脛永用水路を東限と記載された杭瀬河である」と判断されたことです。「文書」にある東限の杭瀬河が、現在の、扇状地の末端の湧水を水源とする杭瀬川ではなく、揖斐川だという推定は間違いありません。そのことを証明するために江戸寛文年間の絵図に揖斐川が「くせ川」と書かれていることなどを挙げて、「くいせ川」との類推がなされており、丁寧な考察の跡がうかがわれますが、実は「くせ川」の名称は、揖斐川が山間から平野に流れでる辺りに久瀬村があるために、池田郡北部（揖斐川町を含む）地方では揖斐川の通常の呼び名となっているので、杭瀬河とは関係ありません。しかし、古くは揖斐川が現杭瀬川流域を含めて乱流しており、池田郡の下流地域では揖斐川を杭瀬河と呼んでいた実例は私も知っており、その情報が京をはじめより広域に広がっていたと思われるので、「文書」の杭瀬河が揖斐川だという指摘は正しいと思います。

しかし、その揖斐川から取水している脛永用水が東限の杭瀬河ではないかとされる推定は、間違いではないかと思います。「論文」でも書かれているように、これは脛永村水田のための用水で、脛永枝郷の溝口村の中央から東流し、「論文」が推定している南への水路は、極端にいえば、余水を流す畦道端の排水路のようなものに過ぎないというのが現状です。この用水自体の歴史は不詳ですが、少なくとも粕河が扇頂部より南ないし南東へ流れているかぎりでは必要なものなので、粕川が東南流していた「文書」作成時の存在は確実で、東限とする可能性がまったくないとは思いませんが、扇状地の中腹を横切るという揖斐川（「文書」では杭瀬河）の水流は地形的にいって、考えられないのではないか。この脛永用水は、当時の開発状況から推定して、用水といっても、ごく小規模なもので、四至基準となるほどのものとは考えにくいのではないか。この脛永用水が本格的に整備されるのは、粕川の水利をめぐって争いが激しくなり、領主による水利裁定が出された江戸初期以降と考えて間違いないと思います。もちろん、脛永用水が「文書」のいう東限の杭瀬河では絶対にありえないとは断言しませんが、大きな疑問です。

しかし第二に、それをもし東限として決められた場合で西限の糟河社を水神社であるとされる比定は絶対に間違いではないかと思われます。この水神社は小字名の水神の地にありますが、ここは隣接の傍示下とおなじく旧養基（ヤギ）村の粕ヶ原区にあり、糟河が東南流の時期（つまり「文書」の時期）には河川域内で、「文書」当時は存在しえないはずです。粕河が再び北部を流れるのは江戸初期で、粕ヶ原村の開拓は、元文四年（一七三九）です。そしてさらに、『揖斐郡史』には、同水神社は「宝暦十三年（一七六三）八月の建立なり」と記載されており、他の多くの社が年月不詳と書かれている状況を考えれば、この記述は何らかの確実な根拠をもつと思えます。南流する粕川がしばしば流路を変えたことは確かで、水神や傍示下の地名が水神社とともに古くからある名称だとは思いますが、「文書」作成時の十一世紀にもあった可能性はないと思います。北限と南限についてはさして問題はないのですが、ただ、北限と記載された糟河古河は、現粕川と異なり、扇頂部ではやや南によっており、現粕川右岸の瑞巌寺村が左岸一帯に広がる小島郷に属していたこと、また粕川が揖斐川に合流する末端部は、「文書」当時では、かなり北（最大で三〇〇メートルほど）に位置していたことが、郡郷境によって推定できます。

以上を踏まえて結論的に私見を述べれば、この四至比定は正しくないのではないかということです。しかし、「論文」中で検討されていて、結局は撤回されている、里数を一つ東へずらす案、「図9　一里分東へ移動させたもの」（以下「代案」と略す）は、現地を詳細に知る私にとってはきわめて魅力的です。それによって、天正十七年と寛永年中の間に北流をはじめた現粕川によって大きく削り取られた脛永北部の古い水田の存在が確認可能となること、また西限とされる糟河社に現在の八木神社（養基《やぎ》神社）が、ほぼ当てはまることなどがその理由です。八木（養基）神社が糟河社と呼ばれた記録はありませんが、「論文」が触れているように、嘉祥二年（八四九）に霊験ありとしてみやこ人に知られ、後に官社に列せられており、その霊験の内容は不明ですが、糟河の洪水を防ぎとめたことと伝えられています。そのことがただ単に、社が位置する田中村（旧養基村の一部）付近の局所的な洪水問題にとどまらないより大きな意味をもったのではないか。想像に過ぎませんが、このときまで南流してきた糟河が、社のある田中村地内で南東流することになり、それを期に南流時には川原となっていた区域をもつ村々の開拓が大々的に可能になったことが、中央において大いに話題となったと考えられます。この新たに開拓の進んだ地帯は壬生郷に比定されており、そこから想定されるように、当時は中宮などの宮中関係者の名代と考えられているこれらの村々にとっての大きな慶事となったことが、官社になった理由であったとすれば、この時期、つまり九世紀中期に粕川の流路の大きな変化は、ありうる出来事ではなかったか、重ねて想像だけですが。こうしたいいつたえ、記録などから考えて、八木社が糟河社と呼ばれてもさして不自然とは思われないことは確かです。八木社は、養基社とも書かれていますが、それらは「文書」作成時の土地の名田主の五百木（イオキ）を連想させるもので、五百木氏の氏神ではなかったかとも思われ、「文書」の四至に取上げられる可能性も大きいと思います。

しかし、こうした事情にもかかわらず、それを否と判断されているのはなぜか、「論文」で推察する限りでは、やはり「文書」の東限の杭瀬河を現揖斐川とすると、東限が東により過ぎてしまって、距離がありすぎることと、より広域的に見て、里数が食い違うことのようです。後者は泉江庄にも例があり、致命的ではないとされているので、前者が最大の理由でしょうか。この点に関しての検討には、大化年中まで遡りうる、かつての大野郡（評）と、後に池田郡を分離した味蜂間《あはちま》郡（評）の境界を決定したと思われる揖斐川（杭瀬河）が、現在より西に寄っていた可能性をふまえる必要があるのではないかと思います。具体的にいえば、脛永に北接する旧揖斐郡揖斐町岡島地区は現揖斐川の南西部、つまり揖斐川右岸に位置するにもかかわらず以前は大野郡であり、対岸の上野村の一部であったこと、また脛永の南に接する杉野村も、もとは対岸の大野郡公郷村の一部で、天和三年（一六八三）に分村して大野郡杉野村となっていること、さらに、古い揖斐川が脛永集落のすぐ東を流れて、その田畠を多く削っており（脛永の地籍図によれば、その最東端に沿って細長く、「古田流跡」の小字名があり、以前その小字はさらに東にまで広がっていたと伝えられている）、「文書」の杭瀬河が揖斐川の現流よりかなり西によっていたと推定できることで、ありすぎるとされる距離はもっと縮まる、ということで解決できないでしょうか。その距離は五〇〇〜三〇〇メートルです。

これら、杭瀬川（揖斐川）と粕川の関係地域における幾度にもわたる流路変化が「文書」作成時の四至比定を不明にしているようですが、それは同時に、流域の村々の用水の確保にも大きな困難をもたらし、ために粕川一ノ井水、脛永井水、池田井水の水取り入れ口の移動を繰返してきています。それらを説明するのは、複雑すぎて困難で、かつ今のテーマとは直接関係しないので触れませんが、ただ、「論文」で触れておられる、脛永用水（東限の杭瀬河と比定された）が、脛永と沓井（現在では揖斐川町と池田町）の境界となっているとの指摘は、正しくなく、複雑な用水問題が最大の理由で、同じ養基村であったものが一九五四年に分離再編されたのであって、しかも両地区の境界は、脛永用水とは重なっておらず、用水筋が行政区画の根拠となったという推定は正しくありません。（なお、論文には明示されていませんが、この脛永・沓井の間の境界が、古代の郷境とも重なっていることを前提にしておられるのではないかと思われる図―本書258ｐに再録―を示しておられるので、重ねて否定しておきます。それについてもすぐ後で触れます。）脛永用水がそうした位置に造られたのは、その筋が揖斐川と接した脛永域の最上流部で、ここからの引水が揖斐川引水を最大にする地点だったからだと思われます。粕川が南流ないしは南東流から再び脛永の北を流れ始めた一六世紀以後は、不安定な粕川の水に頼れず、粕川を樋で横断して揖斐川の水を確保せざるを得なくなり、古い水利権を主張して、旧河川跡も利用し苦労してやっと開発したのが、現在にも残る脛永用水です。「論文」で東限と比定された脛永用水は近世以降の新しい建造物であり、一一世紀にその原初の痕跡があったかどうか。あったとしても、四至基準とはなりえないという判断は、妥当なものではないでしょうか。

しかしもう一つ、「代案」が採用できなかった理由は、「論文」には述べられていませんが、春日郷の問題があったからではないでしょうか。これまでの研究では、春日郷はほとんどの記述が脛永とされてきましたから、これも一考される必要があることは当然です。「代案」の位置を確定すると、脛永は春日郷ではなく、伊福郷であることが、「文書」で明確となるからです。この歴史的に重要な春日郷の位置の変更は、それ自体大きな問題となりかねません。そこで、『濃飛両国通史』や『揖斐郡史』を見直しましたが、脛永を春日郷に比定する明確な根拠はとくになく、ただ春日《かすが》と粕《かす》川という名称の類似性が唯一の推定根拠のようです。したがって脛永が絶対的に春日郷だとはいえないわけで、「論文」の「代案」でみられるような現地での適合性があれば、より明確な歴史的根拠を持っているだけに、そこ脛永を伊福郷とすることに躊躇する必要はないのではないかと思われます。

それでも春日郷の比定は気になります。最近、よく知られた古代史家が、愛知県の春日井郡（現春日井市）の地名は、尾張の目子媛と継体天皇との子である安閑天皇の后カスガノヤマダノヒメミコの名代として立てられたことにかかわっており、尾張と美濃の関係からいって、美濃でも春日部が置かれたというようなことを述べておられるのを読みました（網野・門脇・森編『継体大王と尾張の目の子媛』小学館）が、もし、その推定が正しいとすれば、この地方で郡郷制が整備された当時、東国から都である飛鳥に至る陸路が古東山道で、それは美濃、伊勢を経たのですから、その古東山道の通行上枢要な地点として美濃国味蜂間郡春日郷（「文書」当時は、春日郷は池田郡）があったと推定できます。枢要とされたのは、乱流激しい当時の杭瀬川（現揖斐川）を渡河できる地点であるためで、具体的には脛永村の南隣の、かつて左岸の大野郡に属し、河川移動で明治初年に池田郡に再編された杉野村に隣り合う現池田町東部の砂畑、上田、東野あたりを想定することができます。その村々は味蜂間郡（現安八郡）と直接に接していることから、味蜂間郡の分割でできた池田郡春日郷であることがきわめて自然であり、しかも「論文」で指摘されている郷名の記載順序ともよく合うこととなるなどで、ありうることではないかと思われます。やや強引な推定には違いないけれども、脛永が通説のように春日郷でなくてもよいという論の一つの補強となるかと思います。

以上が私の「論文」についての感想とコメントですが、そのなかで異論を唱えた部分はあくまでも仮説に過ぎません。にもかかわらず素人の駄筆を重ねたのは、「論文」の「代案」に示されたものをもう少し検討されてもよかったのではないかという想いが強かったためです。もし、まだ興味を持たれておられるならば、そして私見に何らかの参考となる意味があるとお考えいただけるならば、この駄文はかならずしもまったく無駄の試みではなかったことになり、満足できます。私のコメント事項はすでに論文作成時、あるいは「論文」発表後の諸反応にこたえての検討で解決済みとなっているかも知れず、今さらと思われるのではないかと考えると、内心忸怩たるものもありますが、そうであっても自己満足とはなりうると思い、敢てお手紙を差し上げる次第です。

いずれにしても、久しぶりに本格的な歴史地理の論文を拝見し、古い記憶の回復と新たな意欲が、老いのつれづれを癒す機会とはなり、古びた脳の活性化につながったことに感謝します。

敬具

以上の手紙による私の「論文」のコメントについての執筆者の見解を聞くことはできない。しかし、四至比定については、私のものが正しいと考えたい。もっともそれは、「論文」著者のきわめて正確な条里復元の成果に依拠したものであり、改めて、「論文」を高く評価するとともに、足利健亮さんに深く弔意を表したい。

後日私は、自分の考えを現地でじっくり確かめるために、久しぶりに脛永を訪ねた。そこに住む旧友で従兄弟の野原定夫氏が、この地方の歴史にくわしい郷土史家、三好良英氏に会うようアポイントしてくれた。三好氏は、最近『ふるさと養基』を地元民の要望に応えて刊行されたばかりであり、野原定夫氏自身も、岐阜県農事試験場に技師として勤め、この地方を含めた土壌調査の豊富な経験をもち、定年後も好きな農業を続け、揖斐川町の農業委員を永年務めて、微地形が影響する耕地事情を熟知しており、三人の議論はたいへん有意義であった。そして、結論的にいえば、「脛永用水筋」に揖斐川（杭瀬川）の水が自然に流れたはずはなく、そこが先の古文書がいう東限「杭瀬河」ではありえないことを確信したのである。

もっとも、私の先の手紙の早急な断定に対する疑問も提起された。二つあった。一つは、名田主の五百木部惟茂の氏の名（イオキベ）は養基（ヨウキ）、そして八木とつながって、糟河社八木神社とを、安易に結びつけたことである。三好意見では、その可能性は否定できないが、もう一つ、養老年間に異例の長期間にわたって美濃国司を務め、木曾路（吉蘇路）開通などの功績のあった笠朝臣麻呂の妻が大和五条の八木氏の出自であり、あるいはその係累に関わる八木かもしれず、断定はできないとのことであった。慎重な判断で学ぶべきだが、それは糟河社そのものの位置的判断や糟河洪水との関係などとは無関係な問題ではあった。

もう一つは、より懸案にかかわる問題で、「論文」で西限の糟河社に比定された水神社の創建が、さきの手紙のなかで指摘した『揖斐郡誌』記述の宝暦十三年（一七六三）ではなかったことである。三好氏が現認された資料によれば、その年は、たまたま行なわれていた用水浚えの際、埋蔵されていた水神社の棟札が発見された年で、正しくはそれ以前の建造だったということであった。その年、用水改修などの折に神社の棟札が発見されたというのが事実とすれば、当然、創建はそれ以前となる。それは何時か。通常考えられるのは、その用水開鑿年以後である。開鑿年は文書で明確な元文四（一七三九）年で、もちろん十一世紀のはるか後である。しかし、そのはるか古代から土中に埋まっていた棟木がたまたま後の用水路域の土中に埋もれ、用水浚えで発見されたという可能性がまったく零だとはいえず、あり得ない程だがないわけではないということになる。つまり、西限の糟河社＝水神社はありえないという断定は、たとえごく僅かとはいえ可能性が存在するので、絶対的に成り立たないという手紙のような断定はできないことが判明したのである。西限を基準とする条里比定という期待（?!）は、否定されたということである。やはり、東限の確定が先決となった。

三好氏から、私が先の手紙に書き連ねた推定を肯定してくれるような情報もあった。同氏の著書『ふるさと養基』のなかに、揖斐川、粕川を主とした水害被害をまとめた表があり、その冒頭に「大化五年七月、このころ粕川は、田中西（養基《ヤギ》神社所在地付近）を南流」と書かれてある。その根拠についての私の問いに、中学（旧制）時代の地理の恩師が自然地理を得意とし、西濃地方の地形図をもとにした研究成果として作成された揖斐川本支流の流路変遷図に書かれてあった記憶によったとのことで、その資料の存否を含めてそれ以上のものはなかった。しかし、この大化の年次はともかく、糟河本流は、名田売買時の長元九（一〇三六）年に確認できる、田中北を南東流していたという流路以前に、微地形として残るほどの長期にわたって、田中村西を南流したという、先の手紙にしるした私の判断と同じことを確認していた地元の地理研究家がいたことが分かり、意を強くした。しかし、この南流がいつ東南流に移動したかはやはり判断資料はなく、『続日本後紀』の嘉祥二年（八四九）段にある「美濃国池田郡養基神預二官社一縁レ有二霊験一也」の記述に関わる、まったくのあて推量以外に加えるものはなかった。

かくて問題を解くカギは、やはり条里北、東、南の三つの河川名で示された境界の確定、とくに東限が脛永用水筋か否かに焦点が絞られることとなったわけである。それを試みた「論文」の執筆者らは、変転し、また乱流いちじるしい扇状地の河川の特定年代の流路を確定することは、「考古学的調査等で、しかも特別の時代特定資料をうるような幸運に恵まれることがなければ不可能」とされている。たしかにそうだが、糟河古河、杭瀬河については、それほど確度は高いものではないが、いくらか手がかりがないわけではない。

この地方では、遅くとも八世紀はじめには確定していたと思われる国、郡（評）、郷境界が決められたとき、主要な河川が境界として採用されることが多かったという推定は、間違いではなかろう。大野郡（評）と脛永などが属する池田（境界決定時は味蜂間）郡（評）を別けていたのは揖斐川（「文書」では杭瀬河）で、その右岸は池田郡であり、左岸は大野郡である。脛永村は記録のある限りでいえば、古来より池田郡に属した。その脛永の南北両どなりにある揖斐川沿いの二つの村、すなわち北の岡島と南東の杉野は、上述のように、どちらも近世はじめまでは大野郡に属していた。ということは、今は揖斐川右岸にあるこの二つの村は、中世以前は左岸にあったことになる。もちろん河川の流路変更がその原因である。郡（評）域確定時には、揖斐川は現在より西を主流路としていたのである。岡島村（以前は大野郡上野村の一部）地域に、標高三十メートルほどの岩山（岡島山）があり、揖斐川は岡島村が左岸となるように、その西を流れていた。岡島に隣る脛永域の小字名は山口で、地名由来の状況は一致している。そして、川は池田（味蜂間）郡脛永村の東を流れ、ついでその南の杉野村区域では、左岸となるように村の西を流れて、南西に大きく湾曲した。これより南は、もはや扇状地の末端でガマと通称される湧水を集めて、さらに水量を増し、いわゆる揖斐川の乱流・滞水地域となる。揖斐川主流が杉野からさらにより東に主流路を変えるようになる十六世紀以降、この湧水を集める杭瀬川は今に至るもそのままの名称で、流れ続けている。要するに、「文書」の東限とされた杭瀬川は条里復元の対象となっている現脛永付近では、現揖斐川流より西、その距離は、現河川域の中に引かれた郡境界線（これ自体は明治期に変更されている）からは約五百メートル、現右岸堤防からでも最大三百メートルである。　北限とされる糟川古河も、同様の手続きで検討すると、池田郡内の郷境（小島郷と伊福郷）から推定して、現粕川より約三百メートル北に移動させる必要がある。そこが糟河古河の流路であり、「文書」のいう杭瀬河（現揖斐川）との合流点も、現在より三百メートル近く北西の地点であった。「論文」の著者たちは、頻々とした河川流路の変遷を知っていたわけであり、「文書」の四至確定の作業にあたって、「文書」当時の流路確定（推定か）を、さらに多くの資料によって綿密になさるべきではなかったという想いである。

以上の検討をもとに、改めて四至確定を試みよう。南限については、ほとんど問題はない。ただ、「論文」で糟河を現在の新田川と推定されているのは妥当であるが、この新田川は十一～十六世紀の長きにわたって同筋を流れていた糟河が慶長年間の流路の北への変更により可能になった開発で生まれた耕地のための用水であり、当然開発地の中でも傾斜上の高位置である北によせて造られたはずで、「文書」のいう南限・糟河の主流は現新田川のいくぶん南を並行しながら流れていたと思われる。

もっとも問題となる東限の杭瀬川を検討しよう。まず、「文書」が想定した現脛永用水筋が当時の杭瀬川でありうるか否かであるが、結論的にはありえない。上述した揖斐川（杭瀬川）と糟河古河の合流点とされた脛永地区北端は標高約四十メートル、脛永用水筋で最も高いところはおよそ五十メートル、その標高差は十メートルとなる。そこは粕川が押し流す砂礫がつくりだした扇状地中腹の土地であり、揖斐川がそれを横切って流れることは極めて困難である。もし可能としても、その場合は揖斐川の流水がかなりの幅をもった谷をつくりながら削り下げていかなければならないはずだが、現地形からはそうした痕跡は見られない。この地方の土壌状況にくわしい野原定夫氏は、揖斐川の流してきた土砂と粕川のそれとは、性質がまったく異なると主張する。前者は、水源からこの地方までの長い距離を、比較的固い古生層の岩を削りつつ流れるために、丸く小さく重い土砂だが、後者は、水源からの短距離を水成岩系の砂岩、礫岩など相対的に軽い石が角ばって大きめなまま堆積する。この違いを基準とした脛永の各地での土砂の調査で、揖斐川系の土砂はまったく見られないのである。

粕川のつくった扇状地を揖斐川が削っているのは、脛永用水筋からおよそ五百メートル東で、現在でも二〜三メートルの崖が連続しており、はっきり確認できる。そこから現揖斐川堤防までは最長場所で三百メートル、ほぼ二百メートルであり、名田売買時の杭瀬河はかなり西を流れたに違いないことが、これらの地形からはっきりと確認できる。脛永から南の地域では、揖斐川はもはや粕川扇状地の土砂を削流することはない。扇状地の末端から湧き出る小さな伏流水がその低平な縁辺部を流れ集まって、やがて目だった川になるのが、現杭瀬川であることはすでに述べた。そこは、土木技術の低かった古代・中世には乱流激しい揖斐川の主流となっており、諸所の湧水をあわせて滞水域も多く、広い低湿地や潟を形成していた。「論文」のなかで検討されている泉江庄の条里検討で出てくる泉江もその一つであろう。

さらに、その脛永用水がいつつくられたかについても検討しておく。この用水は揖斐川が岡島山の西を流れていた時代には、まったく不要である。脛永耕地へは揖斐川から直接導水できるからである。しかし、それは比高からいって、脛永村域の低い東半分に過ぎず、標高の高い西半分は、不安定な粕川分流に頼っていたと思われる。つまりこの時期には取水溝を除けば脛永用水はなかった可能性が高い。揖斐川が岡島山の東に主流路を変えたのは、享禄三年（一五三〇）である。このときから揖斐川は現在とほぼ同じ流路となった。脛永村は、これ以後岡島山北西まで一部旧河川敷も利用して用水を掘り、揖斐川水を確保しなければならなくなり、脛永用水づくりが始まった。その後の慶長三年（一五九八）に粕川北流が始まり、揖斐川から導水する脛永の用水を中断してしまうために、用水確保が困難をきわめるという変化があった。ただその当初は、地形的に見て、北流しはじめた粕川からの導水にも依存できたかもしれない。しかしこの粕川の水は、上流における左岸の小島用水、右岸の一ノ井水の水争いの頻発、それを終わらせるための元和四年（一六一八）の幕府水利奉行の岡田将監による裁定を機に、水田開発が進み、必要時には下流の脛永には達しなくなり、揖斐川水を引くためのより有効な用水とするために、取水口を上流に遡らせるという対策の必要が高まったのではないか。それは、以前の取水口よりもおよそ二キロも遡ったところで、「論文」が図10で示したA地点（本書では図9Aの△印）がそれである。脛永を取巻く地域の領主関係の複雑さで、こうした長い区間にわたって他領の土地に用水を通す交渉の困難さを考えると、よほどの必要に迫られたうえでの建設だったと想像される。それを明確に示しているのが、「池田郡沓井・脛永両村絵図控」（岐阜古地図研究会編『美濃・飛騨の古地図』所収）で、正保年中（一六四四〜七）のものと思われる。この絵地図で始めて脛永村井水の名が見えるが、粕川を横切るところでは川の上に粗雑に描かれている。これはまだ用水として十分整備されたものではなく、粕川渇水時に揖斐川の水を流す、ごく臨時、ないしは仮の用水といった状態ではなかったか。しかし、元禄年間の「沓井村絵図」（『池田町史』所収、なお、この二つの絵図はともに、三好良英氏が編纂した『ふるさと養基』、揖斐川町脛永公民館編に収録されている）では、明らかに粕川の下を樋で通す、より完成したものとして描かれている。ちなみに、沓井村は、脛永村の西の粕川上流にあり、しかも粕川以外には水が得られない村で、水田取水の労苦は、昭和十九年（一九四四）、脛永用水からのポンプアップ導水が許されるまで続いた。そこの土地を耕作することになったわが家は、その喜びを実体験した。かくて、これらの絵図などにより、「論文」の図10に示されて、「杭瀬川」と判断された脛永用水は、その建設が元和—正保の間であることは間違いない。こうした用水建設事情をふまえていえば、それをさらに六百年も遡る時代には、比定基準とされるほどの水路の存在は、その痕跡も含めて絶対にありえないといわざるをえない。

最後に、以上の四至比定をもとに名田耕地を条里にあわせて現地図に落としてみると、「論文」が検討途中で示した図9、つまり「代案」（本書257ｐ・図9B）がやはり妥当なものだということが結論づけられる。「文書」に記載された名田の五条と六条の部分では、里数を一里づつ東へ移動させたものである。泉江庄でも、地形の関係で移動させている例があるようだが、ここの場合では、一里に当る区域が扇状地の扇頂付近となり、河川変動の激しさのために、耕地化が不可能だったのではないかと推定される。このようにしてえられた「論文」図9でとくに印象的なことは、五条三里および五里の北半分の坪の欠落状況が、糟河古河や現在より西流していた当時の揖斐川の影響をぴったりと示していることである。「文書」北限の糟河古河が実際に流れたのは、諸状況から、条里実施以前の八世紀中頃と思われるが、条里耕地北部の水流欠損状態からみて粕川南流時代とはいえ関係条里地域北部を洪水被害がしばしば襲っていたことがわかる。現在の脛永の「古田流跡」や「浜下」の小字の名称はその位置とともに、当時を示す貴重なものである。

もう一つ、つけ加えれば、これによって「文書」西限の糟河社が養基神社とほぼ一致することである。大規模な名田売買の四至は、かなり明確で、確実に把握できるものでなければならない。「論文」の結論である西限は水神社で、小さな祠に近い規模で、たまたま土中から発見された棟札から、所在する粕ケ原地区の開発が始まった江戸時代中期、元文年間以降の創建にかかわるものと考えるのがもっとも妥当で、一一世紀には存在しないと思われる社であり、受け入れはむずかしい。「文書」の西限の糟河社が、養基社だったとすれば、それにふさわしい建造物であることは、だれの目にも明らかであろう。しかも、「代案」ではやはりぴったりと

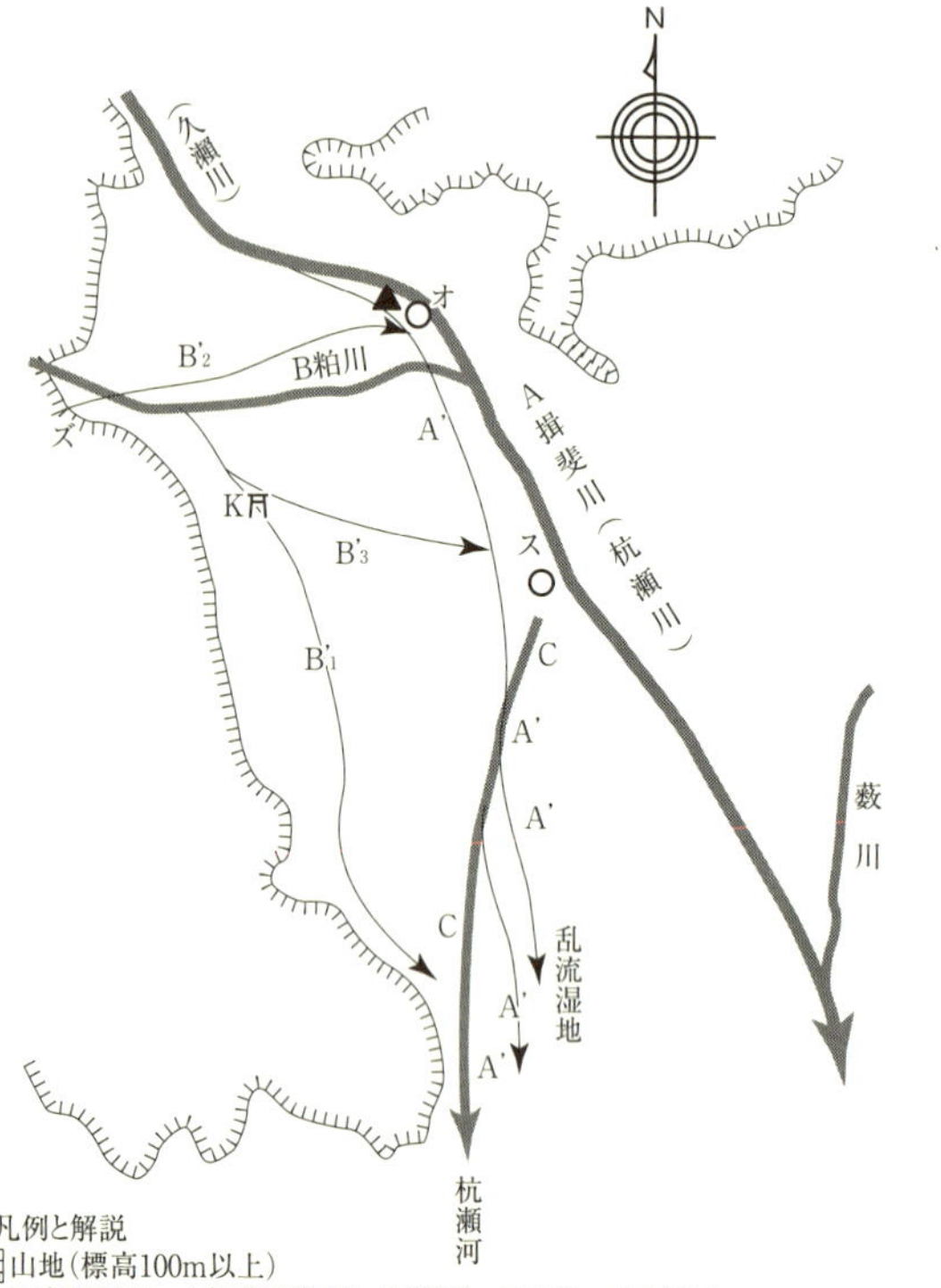

図8の凡例と解説

山地(標高100m以上)

現主要河川　A揖斐川(通称 杭瀬河)　B粕川　C杭瀬河

11世紀に記録された河川

A'揖斐川(通称 杭瀬河)　B'糟河 (B'1: 6世紀・9世紀、B'2: 8世紀[糟河古河]、B'3: 糟河 11〜16世紀)

○河川変動の指標となる村

○オ 大野郡上野村岡島→大野郡岡島村 ｝揖斐川の変遷
○ス 大野郡公郷村杉野→池田郡杉野村 ｝揖斐川の変遷
○ズ 池田郡王生郷→池田郡小島郷　粕川の変遷

▲河川変動の指標となる岡島山　⛩八木(養基)神社

西の山間から流れる粕川のつくった勾配1.5〜2.0の緩やかな扇状地は、おそらく10万年を単位とする期間の地形である。扇頂からほぼ均等に広がる姿から、粕川は幾百回となく主な流れを変えたに違いない。合流する揖斐川(通称　杭瀬河)も、それに押されるように東に移動したことが、郡境の変動でわかる。

条里復原の11世紀に問題となるのは、A'(一部はCと同じ)、B'2、B'3、の3つの河川に囲まれた域内で、古文書にある四至がどこかが復原のポイントとなる。

図8　関係地域の概観および問題のポイント

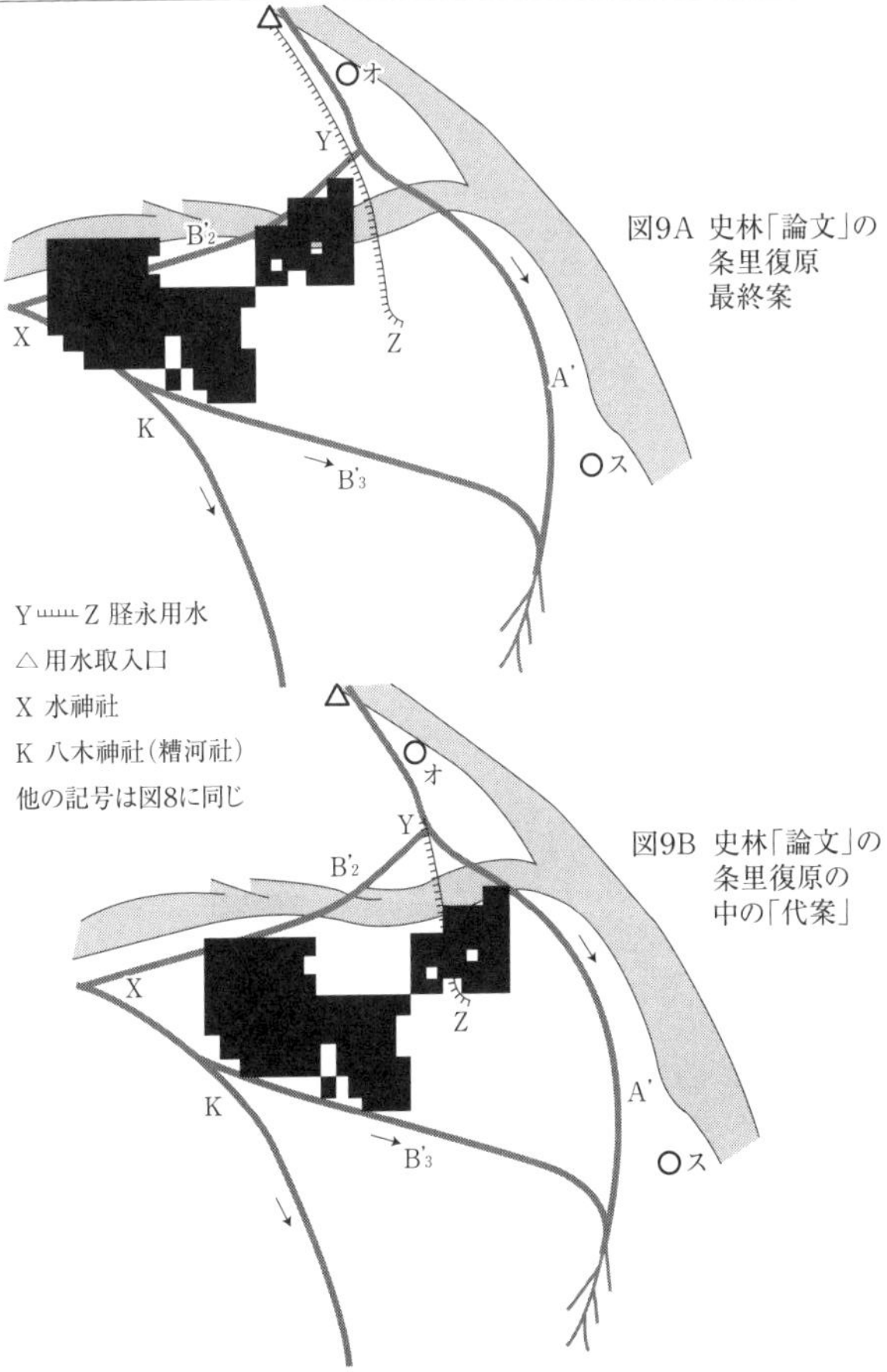

○最終案Aは東限をYZで示した脛永用水が古くは杭瀬河であるという判断で描かれたもの、その結果西限の糟河社は現在の水神社であるとされた。しかし自然の地形、土質の特徴からいって脛永用水は杭瀬河(揖斐川)ではありえない。脛永用水は△からYまでは旧揖斐川跡を利用しているが、すべて江戸初期の人工的用水である。また水神社が11世紀に存在した可能性は零に近い。
○代案Bは東限をA'としたもので、西限が古代以来存在が確認できる八木神社とぴったり一致する。「論文」で最終的に否定されたのは、A'が該当条里と離れすぎているためであった。本書では、最終案Aの検討から「代案」がより妥当とした。

図9

B 検討によりAの訂正比定　　A「論文」のよる比定

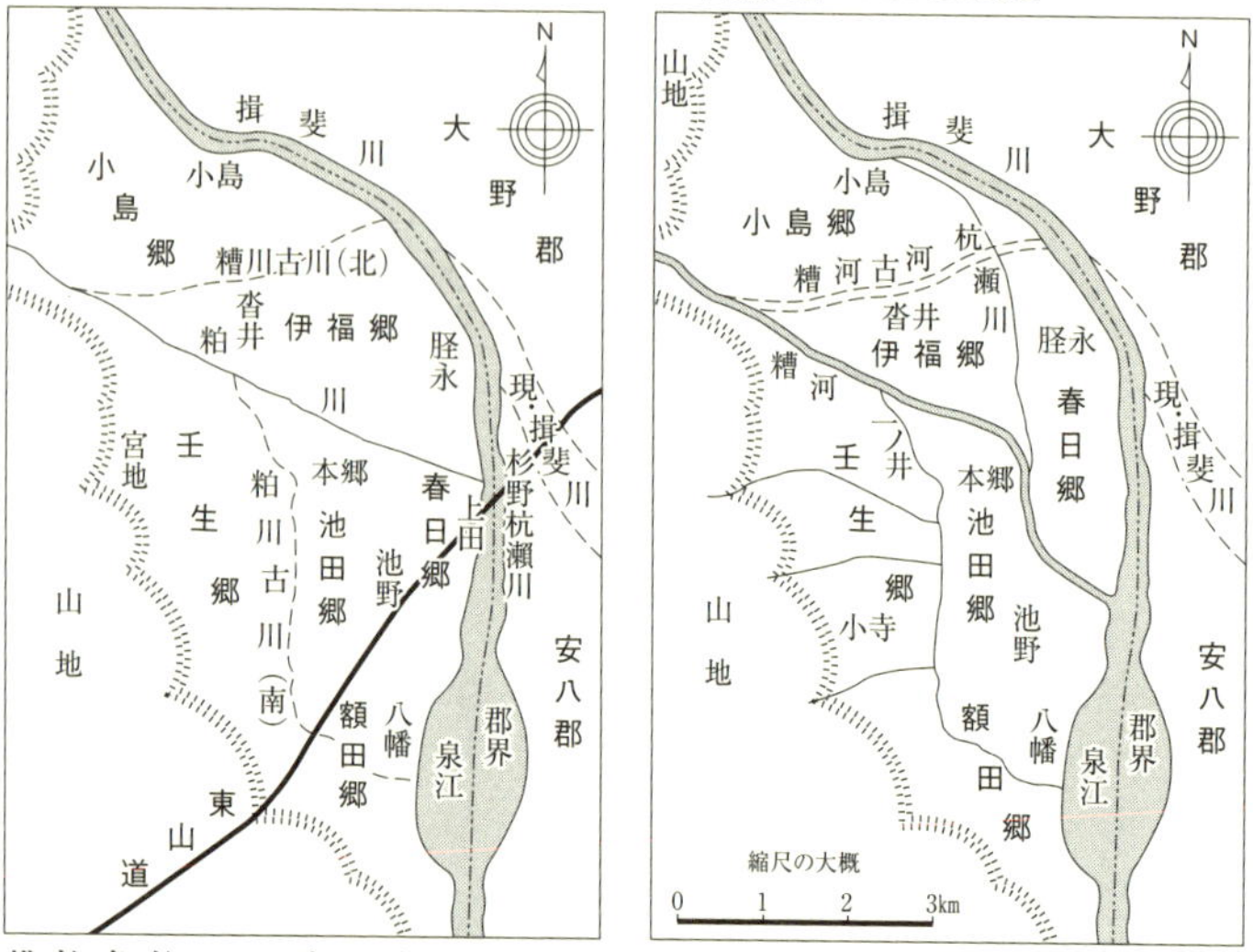

備考　参考のため東山道を書き入れた。杉野以南で、杭瀬川の分流が始まったところである。

『史林』70巻3号 115頁 掲載

図10　11世紀 池田郡郷比定の模式図

西限の位置に当てはまる。

以上の検討は、あまりにも微細に過ぎて、現地に不案内な大方の理解を超えるものであろう。千年近い昔の地点、しかも流路変遷の繰り返し起こる扇状地上の地点の比定は困難そのものである。それを承知しつつ「論文」に書かれている詳細な検討結果と、それを再吟味して得たわたしの結論（「論文」の図9に示された「代案」）を、わかりやすく、三つの図にまとめて、いくらかのコメントを付した。検討いただければ幸いである。しかし、いずれにもせよ、こうした再吟味が可能なほど、「論

比定者	現郷村名
吉田東五 『大日本地名辞書』	養　基　？
阿部栄之助 『濃飛両国通史』	砂畑、杉野 養基東部（脛永）
小川栄一 『揖斐郡史』	脛永、粕ケ原、砂畑
吉岡　勲 『池田町史』	粕川と揖斐川の合流点 （脛永、砂畑か？）
京大グループ 「史林論文」	脛　永
野原敏雄 『本書』	砂畑、上田、東野

表4　安八磨評（郡）　春日里（郷）の位置比定
備考　養基は、昭和20年代まであった
　　　脛永、沓井、田中、粕ケ原よりなる旧村名

文」は学術的にすぐれたものである。仮に「代案」つまり「論文」の図9がより「文書」の事実に近いとしても、それを解明しえた学術的功績は、「論文」の著者らのものであることはいうまでもない。

以上が、冒頭に紹介した私の手紙による「論文」コメントの確認を目的とした、地元識者を交えた再度の検討の結果であり、先の手紙のなかでの主張が正しいと判断できる結果をうることができた。もしそうだとすれば、これまで池田郡（味蜂間郡）の春日郷が脛永に比定されてきたのは誤りで、そこは伊福郷であることも、歴史文書から明白となったことを、あらためて付け加えておきたい。古い大宝の戸籍が残存することで知られる春日郷は、脛永より南の現在の池田町砂畑、上田、東野付近と思われる。そこは乱流する揖斐川を渡河できた古東山道の枢要の地点なのである。脛永は私の父の出生の地であり、上田は母の生まれた村であり、どちらもわが存在のルーツであることが、この論文記述にこだわった理由の心情的背景だったかもしれないが、春日郷の位置に関わるこれまでの通説のあやまりを、歴史資料と地域自然の詳細な検討で変更すべきことを明らかにしえたことに、ある喜びを感じる。参考として、これまでの池田郡の六つの郷の位置の比定の諸説を一まとめにした表4を掲げておく。

先に手紙の中でも触れたが、春日郷にカスガノヤマダノヒメミコの名代が立てられたとすれば、この美濃の春日郷は尾張の春日井地方と並んで、尾張の目子媛を娶った継体大王家の安定・存続にかかわる重要地点であることが確認されることになる。門脇禎二は古い大宝二年の春日部里戸籍の検討から、その「支配者一族は、少なくとも七世紀末から八世紀初期までは本巣国造の支配下にいた国造族」とされ、経済的、政治的な力を強めていた尾張氏と越前・近江の継体が結び付きをはかり、さらに美濃の中枢部の有力氏族をも加えた勢力によって、ヤマトの新たな大王家を確立していったことが明らかになるわけである。

春日郷を含む美濃国池田郡地方は、古くから近江はもちろん越前との交流もさかんだった。私の祖父の時代、明治の中期だが、徴兵を受けて入隊したのは、岐阜ではなく、福井県、越前の鯖江で、北陸線のない時代だから、徒歩で越美の山を越えていったと聞いている。美濃の大野郡は越前の大野と境を接しており、また味蜂間郡の北部の地方豪族池田氏は、壬申の乱にあたっての不破の関の封鎖に積極的に加わり、天武十三年に「池田君・姓を賜いて朝臣と曰う」と書かれ、以降勢力を広げた。美濃池田郡境の越前側に池田の地名が見える。無意味で無駄なダムづくりで、湖底に沈んでしまった旧徳山村には、美濃・越前さらには近江の民俗学的文化の混淆が見られたこともよく知られている。この交流が古代からのものかどうかは不明だが、継体王朝成立を考える上できわめて重要な問題である。

稿の終わりに、労作を残された共著者に感謝申しあげるとともに、改めて他界された足利健亮さんのご冥福を切にお祈りしたい。

あとがきにかえて

もはや、あとがきなど書くのは蛇足であろう。が、その足を借りて、いくらかのことをつけ加えたい。

この本の出版には、はじめに書いたように、日本古代史にはずぶの素人の私にはかなりの無理があった。だから、完成できるかどうか心もとなかった。読者の目にさらせるものかどうかぐらいは自分でもわかるから、「雑抄」とはいえ、まったく無意味な駄文を並べる結果になったら、いさぎよく撤退しようと思いつづけた。いまこうして最後のキーボードを叩くのは、自分なりの最低ラインをなんとかクリアーしたと判断したからである。齢八十を目前にして、よく体力がもち、根気が切れなかったと思う。

結局それは私の根っからの歴史好きのせいからだろうか。大学で専攻を選ぶ教養二年の秋、締め切り直前まで日本史を選択しようとしていたことが思い出される。それが地理学専攻に変わったのは、なにかと親身に相談に乗ってくれていた大学の大先輩から、強制にも似た助言があったためで、そのときの歴史に対する未練というか愛着と言えるものが心底のどこかに居残っていて、今、人生の終りに近く、おもてに出てきて支えてくれた気がする。しかし、修得した自然と人文にまたがる地理学の知見を使って試みた「歴史地誌的方法」というものも、ひいき目だが、なんとか有効たりえたように感じる。その地理学は、何よりもフィールドワークが基本である。体力の制約から限定的にしかその基本が使えなかったのは残念至極だが、それをいくらかカバーできたのは、各地の膨大な地方史誌の成果が手近に利用できたからである。本書が扱った尾参濃信の範囲ならば、かなりを蔵書として持つ中京大学図書館は、わが家からは、ひんぱんに走り、無料に近い乗車パスが使えるバス一本で、たかだか二十分の距離にあり、図書館長時代の顔パスがまだ効いていて、まるでわが蔵書を使う手軽さであったし、おまけに基本資料の穴埋めに多用した万葉研究の成果は、中京大学が最大の万葉学会である「美夫久志《みふくし》会」の事務局を置いているためか、かなり充実しており、文学的能力を欠く私を助けてくれたりした。現役研究者の頃には目に触れたこともなかった古代日本史の基本文献も、私が扱える程度のものは当然手にできて、繰り返し時間をかけることで自己流解釈ながら活用できた。古い知己の日本古代史の専門研究者、日本福祉大学の福岡猛志教授にもしばしば助言をいただいてありがたかった。ほかに信州育ちの地理学教室の友人、中島俊彦君からもいくつか指摘をえた。

こうしたいくつもの感謝すべき幸運のおかげで一区切りできた今、急速に「これがわが最後の著述というわけにはいかない」との「想い」が強くなっていることを白状したい。百年に一度といわれる大不況で、最後の勝ち組となるはずのトヨタさえもがつまずいた。探せばすでに雇用不安とか、環境破壊とか、あちこちとほころびが見えていて、私も批判的言辞を投げかけていたグローバル経済社会の限界が、誰の目にもはっきりと見える形で現れてきた昨今である。現時点は、それが大破綻、人類の終りにとなるほどの悲劇をきたさないための新たな社会づくりが強められねばならないトキである。それがポストグローバル社会と呼べるものかどうか、さだかではないが、時代のキーワードはたしかに「地域・ローカル」である。それこそは私が五十年以上も追いつづけてきたテーマであり、いくらかの知見がないわけでも、という自負もある。それらを、これこそわが人生の最後のモノにまとめる仕事が残っているという「想い」である。今回の経験を生かして、研究書的ではなく、一般の人が気軽に馴染んでもらえるようなモノとしてつくりあげる新たな挑戦は魅力的である。驚異的な活動を百歳の声を聞きながらもなお続けておられる日野原重明さんがいつかテレビで語っておられた「歳をとっても節目がきたら何か新しいコトを始める、それが長寿の秘訣です」という言葉を信じて、八十路のはじめのコトとしては、うってつけではないか、そんな気分がしてきたイマドキである。

本書の出版にあたっては、風媒社に、とりわけ編集長の劉永昇氏になにかとお世話になった。こころから御礼申し上げる。

［著者略歴］
野原　敏雄（のはら　としお）
1930年　名古屋市に生まれる。
1958年　名古屋大学大学院文学研究科（史学地理学課程）修士修了。
1970年　中京大学商学部教授（経済地理学担当）。
　　　　定年退職までの間、学部長、研究科長、図書館長など歴任。
1977～78年　ポーランド科学アカデミー地理学研究所海外研修。
1987年　文学博士（名古屋大学）
1996年　定年退職。中京大学名誉教授。
主要著書　『日本日本主義と地域経済』（大月書店　1977年）
　　　　　『現代の地域産業』（新評論　1987年）
　　　　　『現代協同組合論』（名古屋大学出版会　1996年）

装幀＝夫馬デザイン事務所

天武の夢 はるか　尾・参・濃・信の古代史誌

2010年5月20日　第1刷発行　　（定価はカバーに表示してあります）

著　者　　野原　敏雄
発行者　　稲垣　喜代志

発行所　名古屋市中区上前津 2-9-14　久野ビル
振替 00880-5-5616 電話 052-331-0008
http://www.fubaisha.com/
風媒社

乱丁・落丁本はお取り替えいたします。　＊印刷・製本／モリモト印刷
ISBN978-4-8331- 5204- 4